Gabriele Hasmann

Diese Habsburger

Gabriele Hasmann

Diese Habsburger

Eine Sammlung skurriler und
unterhaltsamer Fakten

ueberreuter

Danke, dass Sie sich für unser Buch entschieden haben!
Sie wollen über unser Programm auf dem Laufenden bleiben sowie über
Neuigkeiten und Gewinnspiele informiert werden?
Folgen Sie uns auf Social Media oder abonnieren Sie unseren Newsletter.

1. Auflage 2025
© 2025 Carl Ueberreuter Verlag GmbH
Frankgasse 4 | 1090 Wien
produktsicherheit@ueberreuter.at
ISBN 978-3-8000-7891-2

Erstmals erschienen 2021 „Kurioses Österreich – Habsburger"
Grafik: Lisa Wilfinger | Carl Ueberreuter Verlag
Illustraion Krone: iStock | Hein Nouwens
Lektorat: Marina Hofinger | Carl Ueberreuter Verlag
Druck und Bindung: Imprint d.o.o. | Ljubljana, Slowenien

www.ueberreuter.at

Inhalt

Rudolph I., Stammvater des allerdurchlauchtigsten Kaiserhauses von Oesterreich um 1850, Wien Museum

Von der Burg bis zum Auto

Vom Privileg, die Nr. 1 zu sein

Der allererste Habsburger war Herzog Guntram der Reiche, wie eine lateinische Mönchschronik aus dem Jahr 1160 belegt – er gilt somit als Stammvater der Dynastie, die über 24 Generationen insgesamt fast 650 Jahre lang in Österreich regierte. Als erster Herrschersitz des späteren riesigen Reichs gilt die Habichtsburg, die im Schweizer Kanton Aargau um 1020 von Radbot errichtet wurde. Der Erste in der Familie, der sich „von Habsburg" nannte und damit seine Namen adelte, war Otto II. Graf von Habsburg zu Beginn des 12. Jahrhunderts.

In Österreich tauchte der Clan erstmals Ende des 13. Jahrhunderts auf, als Rudolf I. seine beiden Söhne Albrecht I. und Rudolf II. mit dem Land belehnte, das zuvor von den Babenbergern verwaltet worden war. In dieser Zeit ließ man auch die Hofburg als erste Residenz für die Adeligen errichten.

Der erste Liebesrebell unter den Habsburgern war Erzherzog Johann, der eine nicht standesgemäße Bürgerliche ehelichte. Er hatte sich in die steirische Postmeisterstochter Anna Plochl verliebt und wurde daraufhin nach der Hochzeit von seinem Bruder Kaiser Franz II./I. von der Erbfolge ausgeschlossen.

Das erste Sparbuch auf einer Bank eröffnete Franz Joseph I. Es trug die Nummer 1. Der Regent musste, ebenso wie alle anderen Kunden des Instituts, ein Formular ausfüllen. Er trug bei der Rubrik „wohnhaft" Schloss Schönbrunn ein und gab als Beruf „Kaiser" an. Er war auch der erste Monarch Österreichs, der ein Automobil nutzte. Besonders begeistert zeigte er sich nach seiner ersten Ausfahrt von dem motorisierten Vehikel allerdings nicht und merkte an: „G'stunken hat's und g'sehn hat man nix." Die erste Nummerntafel mit dem Kennzeichen A1 ging allerdings an Erzherzog Eugen, einen Urenkel von Kaiser Leopold II. – Thronfolger Franz Ferdinand, ein Neffe von Kaiser Franz Joseph, bekam nur A4, worüber er sich maßlos geärgert haben soll.

Mord statt Almosen

Als dem Herzog ohne Land der Geduldsfaden riss

Herzog Albrecht I., Sohn von Rudolf I., wurde Ende des 13. Jahrhunderts deutscher König und verfolgte ab jenem Zeitpunkt eine strenge Erbpolitik. Dabei schob er einige seiner Verwandten rücksichtslos aufs Abstellgleis und bediente sich an deren Vermögen, was unter anderen auch seinen Neffen Johann von Schwaben betraf. Doch der wollte sich nicht ewig hinhalten lassen und drängte seinen Onkel mehrmals auf Herausgabe seines väterlichen Erbes. Der schlaue Albrecht jedoch vertröstete den jungen Mann immer wieder, weshalb dieser in der Bevölkerung schon als „hertzog anlant" (Herzog ohne Land) verspottet wurde.

An einem Abend im Mai 1308 riss dem 18-Jährigen bei einem von seinem Onkel veranstalteten Gastmahl in Winterthur (Schweiz) der Geduldsfaden – beim Abschied schrie er: „Ich bin zu alt, um von dir mit Almosen abgespeist zu werden. Ich will, was mir von Rechts wegen zusteht!" Albrecht erwiderte: „Nur über meine Leiche!" und zog sich danach beleidigt in seine Gemächer zurück. Das kann er haben, mochte sich Johann in diesem Moment gedacht haben. Als der König am folgenden Tag nach einem Geschäftstermin auf dem Heimweg durch einen Wald ritt, lauerte ihm sein Neffe mit einigen schwäbischen Rittern auf und spaltete seinem Onkel unter lautem Gebrüll mit seinem Schwert den Schädel. Er erhielt daraufhin den Namen Parricida (lat. für „Verwandtenmörder").

Johann verkleidete sich als Mönch und floh vor Albrechts Tochter Agnes, die ihn mit ihrem Hass und auf ihrem Pferd quer durch das ganze Land verfolgte. Der Mörder schlug sich tagelang allein ohne Nahrung durch die Wälder und verkroch sich nachts in dunklen Höhlen, bis er sich irgendwann völlig entkräftet dem deutschen König Heinrich VII. stellte. Er wurde zu einem echten Dasein als Ordensbruder verdammt und in ein Benediktinerkloster eingewiesen, wo er bis zu seinem Tod verbleiben musste.

Die Rotweinleiche

Symbole und eine skurrile Heiligenverehrung

Der österreichische Herzog Rudolf IV. ließ im 14. Jahrhundert den Grundstein zum Bau des Wiener Stephansdoms legen, in dem er nach seinem Tod auch bestattet wurde. Er soll dabei symbolisch eine silberne Maurerkelle und eine Haue verwendet haben, die in einer Inventarliste des Doms aus dem Jahr 1448 noch erwähnt sind.

Ebenfalls symbolischen Charakter hat Rudolfs Botschaft in Geheimschrift, die er am Bischofstor des Stephansdom hinterlassen hat. Sie konnte allerdings entziffert werden und verweist auf „Rudolf, von berühmter Herkunft, der Gründer", was ihm seinen Beinamen „der Stifter" eintrug.

Aufgrund einer beinahe an Besessenheit grenzender Heiligenverehrung hat der Habsburger seit frühester Jugend seine spätere Grabeskirche mit Reliquien überhäuft. Dazu zählen ein Stein, mit dem der heiligen Stephan (Namensgeber des Stephansdoms) gesteinigt wurde, Erde vom Jordanufer, Brot von der Speisung der Fünftausend, Weihrauch der Heiligen Drei Könige, ein Tischtuch vom Letzten Abendmahl und ein Zipfel des Grabtuchs Jesu. Einzig die „heilige Vorhaut" Christi – dessen Beschneidung auf einem Epitaph an der südlichen Außenmauer des Doms dargestellt ist – konnte Rudolf zeit seines Lebens nicht finden. Bis heute weiß niemand so genau, wo diese aufbewahrt wird.

Nach Rudolfs Ableben 1365 wurde aufgrund der skurrilen Vorliebe des Herzogs auch seine Leiche wie ein Heiligtum behandelt. Der Herrscher starb völlig unerwartet im Alter von nur 26 Jahren infolge einer bakteriellen Infektion, während er in Mailand die Hochzeit seines Bruders Leopold vorbereiten wollte. Sein Leichnam wurde in Rotwein gekocht, das Skelett in eine schwarze Rinderhaut eingenäht und über die Alpen nach Wien transportiert. Über dem Lederbalg lag ein kostbarer Mantel aus persischem Seidenbrokat mit roten und grünen Ornamenten, zu sehen heute im Wiener Dom- und Diözesanmuseum.

Ein Privilegien-Schwindel

Die größte List des Mittelalters

Das Privileg der Macht über das Volk entstand durch die adelige Abstammung. Nicht immer verfügten die Herrscher aber ausschließlich aufgrund ihres Geburtsrechts über so viel Befehlsgewalt, wie sie gerne gehabt hätten. Man musste sich allerdings nur zu helfen wissen! Als der Böhme Karl IV. aus dem Geschlecht der Luxemburger im Jahr 1356 in seiner „Goldenen Bulle" festlegen ließ, welche Kurfürsten den Kaiser wählen durften, „vergaß" er dabei völlig auf die Habsburger. Das bedeutete, die österreichischen Adeligen hatten kein Mitsprache- und Stimmrecht. Karls Schwiegersohn Rudolf IV. wollte diese Benachteiligung allerdings nicht einfach so hinnehmen und ersann eine List. Er ließ kurzerhand ein Dokument fälschen, das als „Privilegium maius" in die Geschichte einging. Dieses Schriftstück bescheinigte den Herzögen seiner Familie die Verleihung des frei erfundenen Titels „Erzherzog", der sowohl eine Rangerhöhung als auch eine Ausstattung mit Privilegien und Zusatzrechten vorsah. Zudem waren die ranghöheren Aristokraten mit dieser Urkunde den Kurfürsten im Heiligen Römischen Reich gleichgestellt. Rudolfs Neffe Herzog Ernst „der Eiserne" bekam sogleich den ersten Erzherzogstitel des Landes verliehen. Als man dessen Sohn Friedrich III. als ersten Habsburger zum Kaiser wählte, nutzte dieser seine Position umgehend aus und ließ das „Privilegium maius" Mitte des 15. Jahrhunderts offiziell bestätigen, wodurch der neu geschaffene Titel auch reichsrechtlich anerkannt werden musste und Österreich zum Erzherzogtum wurde.

Rudolf IV. ist auf dem einzigen von ihm erhaltenen Porträt mit einer Erzherzogskrone dargestellt – die es damals gar nicht gab. Erst im Jahr 1616 hat Maximilian III., Erzherzog von Tirol, den „Erzherzogshut" als gültiges Machtsymbol anfertigen lassen. Zu sehen ist dieses Sinnbild der Schläue im Stiftsmuseum Klosterneuburg in Niederösterreich.

Bizarre Sammelwut

Haarmenschen und Zwerge

Aus dem Bedürfnis heraus, besonders seltene, wertvolle, exotische und höchst eigenwillige Dinge anzuhäufen, gründete Rudolf IV. im 14. Jahrhundert den Hausschatz der Habsburger. Schon bald schwenkte der Regent von „höchst eigenwillig" auf „bizarr" um und konnte sich dabei auch der Faszination durch das Abnorme nicht mehr entziehen. Und so fügte er den vorhandenen Exponaten schon bald diverse Kuriositäten aus aller Herren Länder hinzu.

Ein weiterer exzessiver Sammler von Abnormitäten war Erzherzog Ferdinand II. von Tirol, der auf seinem Schloss Ambras in Innsbruck im 16. Jahrhundert vorwiegend Porträts des Haarmenschen Petrus Gonsalvus von Teneriffa (bis heute bezeichnet man die krankhafte übermäßige Behaarung als Ambras-Syndrom) sammelte. Darüber hinaus holte er sich „Zwerge" auf sein Schloss und liebte es, sie in ihrer Rolle als „Hofnarren" zu beobachten. Eine Vorliebe für „kuriose Menschen" zeigte auch Kaiser Ferdinand II. – allerdings gehörte es damals fast zum guten Ton, Winzlinge, Riesen, Missgestaltete oder „Mohren" als Beweis für die Launen der Natur zu beschäftigen und sie bei Gesellschaften vorzuführen. Der „Besitz" von „ungewöhnlichen Kreaturen" stärkte den guten Ruf eines Monarchen.

Kaiser Rudolf II. beschäftigte Agenten in ganz Europa, die nach Objekten Ausschau halten und ihm alles herausragend Schöne, Wertvolle oder Seltene bringen sollten. Unter seinen wertvollsten Sammelstücken befand sich beispielsweise der Dolch, mit dem der Überlieferung nach Julius Cäsar erstochen worden war. Allerdings gab es auch jede Menge Abnormes, wie beispielsweise in Alkohol eingelegte Missgeburten, die sich der Kaiser gern abends bei Kerzenschein ansah und eingehend studierte. Bereits ab dem frühen 17. Jahrhundert, als sich der Adel langsam nicht mehr komplett vom Volk abschottete, wurden Führungen durch die „Kunst- und Wunderkammern" in Wien veranstaltet.

Der Zopforden

Die weibliche Seite der harten Männer

Im Mittelalter wollten es Mode und Gebräuche, dass harte Männer sich wie Mädchen ausstaffierten und benahmen.

Im 14. Jahrhundert stand beispielsweise Albrecht III., ein Bruder von Rudolf IV., total auf Zöpfe! Er wollte sich deshalb keinem der damals gängigen Ritterorden anschließen, sondern eine eigene Vereinigung gründen: den „Zopforden" oder „Orden von der Locke", der als Vorläufer des Ordens vom Goldenen Vlies gilt. Nach Albrechts Tod löste sich dieser Männerbund jedoch auf. Das einzige noch erhaltene Ordensabzeichen ist im „Museum im Palais" zu bewundern, das sich im „Universalmuseum Joanneum" in Graz befindet. Die männlichen Mitglieder des „Zopfordens" trugen nicht nur ihr langes Haar geflochten, sondern auch noch einen Halsreif aus Silber in Form eines Zopfes sowie eine kleiderähnliche Tracht mit eigens dafür entworfenem Design.

Aufgrund der weiblichen Gewandung galt Albrecht III. später sogar als Transvestit – auch wenn es dieses Wort damals noch gar nicht gab.

Weit weniger kurios, als es interpretiert werden könnte, ist, dass sich die Könige Friedrich „der Schöne" aus dem Haus Habsburg und Ludwig IV. aus Bayern auf den Mund küssten. Stattgefunden hat die Intimität nach ihrem Waffenstillstand und bei der Versöhnung im Jahr 1325 auf Burg Trausnitz in der Oberpfalz, auf der Ludwig seinen Vetter Friedrich zuvor drei Jahre lang gefangen gehalten hatte. Das geschmuste Lippenbekenntnis stellte in jener Zeit einen Akt zur Bekräftigung des Friedens dar. Nach der anschließenden Orgie, die als Osterfeierlichkeit getarnt wurde, teilten sich die beiden Herren sogar eine Schlafstatt. Bei dem Ruhen Seite an Seite handelte es sich ebenso um einen Akt mit Symbolcharakter, der Eintracht und Vertrauen demonstrieren sollte. Eine andere Erklärung für die gemeinsame Nacht wäre, dass einer der beiden Männer weinlaunig nicht in sein eigenes Bett gefunden hat.

Inkognito

Der adelige Minnesänger mit den leeren Taschen

Friedrich IV., der zu Beginn des 15. Jahrhunderts die kurzlebige ältere Tiroler Linie der Habsburger begründete, dürfte viel Spaß am Verkleiden und am Rollenspiel gehabt haben. Dem Neffen von Albrecht III. wird beispielsweise nachgesagt, dass er sich auf einem Hof als Knecht anstellen ließ, um inkognito die Arbeit seiner Bauern zu überprüfen. Häufig mischte er sich aber auch als armer Schlucker unters Volk, tauchte dabei vorwiegend in Gaststätten auf, um beim geselligen und weinlaunigen Beisammensein die Stimmung unter den „einfachen Leuten" einzufangen. Darüber hinaus erschien er häufig verkleidet in Klöstern, um herauszufinden, wie die Geistlichkeit über ihn dachte – es handelte sich in beiden Fällen um eine politische Maßnahme zum Ausbau seiner Machtposition. Im Jahr 1416 soll Friedrich IV. zudem in Gestalt eines Minnesängers aus der Gefangenschaft in Konstanz zurück nach Tirol geflüchtet sein und als Troubadour auch so manches Lied unter den Fenstern holder Damen geträllert haben. Der Habsburger war wirtschaftlich trotz aller Maßnahmen nur wenig erfolgreich und auch seine zahlreichen politischen Niederlagen wurden stets auf seine finanzielle Misere zurückgeführt. Rasch erhielt der dauerpleite Herrscher den Spottnamen „Friedel mit der leeren Tasche". Eine Geschichte, welcher er diese wenig schmeichelhafte Bezeichnung verdankt, lautet wie folgt: Während Friedrich im Jahr 1402 in Venedig weilte, zeigte man ihm den Kirchenschatz von St. Markus, der einen enormen Wert hatte. Der Habsburger wurde gebeten, sich ein Stück der Juwelen als Geschenk auszusuchen. Er jedoch zog einen kostbaren Diamantring vom Finger und überreichte ihn dem Dogen mit den Worten, er sei von seinen Vorfahren unterwiesen worden, Schätze nicht zu vermindern, sondern zu vermehren. Irgendetwas muss der Gute da völlig falsch verstanden haben!

Der Schatzjäger

Ein kleinkrämerischer Geizhals

Im 15. Jahrhundert herrschte über das Reich der Habsburger Kaiser Friedrich III., Sohn von Herzog Ernst „dem Eisernen", den man im Volk aufgrund seines in politischen Belangen phlegmatischen Naturells „des Reiches Erzschlafmütze" nannte. Er interessierte sich kaum für das Weltgeschehen; so wusste er beispielsweise lange nicht, dass Kolumbus 1492 Amerika entdeckt hatte. Regelrecht leidenschaftlich wurde der Regent hingegen, wenn es um Geld, Gold und Geschmeide ging, denn er war bekannt als begeisterter Schatzjäger. Bereits als Neunjähriger kontrollierte er nach dem Tod seines alten Herrn 1424 die Inventarlisten des väterlichen Erbes und stellte dabei einige Ungereimtheiten fest. Was folgte, war ein zäher Streit mit den Geschwistern um jeden Silberlöffel.

Als er sich im Jahr 1436 im Orient aufhielt, um sich im Heiligen Land zum Ritter schlagen zu lassen, ging er auch gleich shoppen. In Ägypten trieb er sich in der Verkleidung eines Kaufmanns in den Bazaren herum, um Edelsteine zu kaufen.

Wann immer der schlitzohrige Monarch eine Vermehrung seines Reichtums witterte, griff er beherzt zu, fürchtete er hingegen, Geld ausgeben zu müssen, wurde er zum kleinkrämerischen Geizkragen. Zudem erkannte er Fälschungen, von denen es im Mittelalter viele gab, so sicher wie kein anderer.

Friedrich III. schreckte nicht einmal vor Diebstahl zurück: Übernachtete er auswärts, ließ er immer Wäsche oder Geschirr mitgehen.

Zu einer besonders peinlichen Szene kam es 1473 in Trier, wo der Regent für seinen Sohn Maximilian I. mit dem Vater der Braut die Heiratspläne aushandelte. Der Kaiser soll Karl I. von Burgund regelrecht um Gold und Silber als Mitgift für dessen Tochter angebettelt haben.

Erst als dieser zustimmte, wurde der Hochzeitsdeal mit einem orgiastischen Gelage besiegelt. Maria von Burgund brachte dann auch noch die Niederlande in die Ehe ein und war dem Schwiegervater damit sehr willkommen.

Der royale Erbschleicher

Zwei lukrative Vormundschaften

Friedrich III. übernahm nach dem Tod Herzog Friedrich IV. – seines Onkels – und seines königlichen Vorgängers Albrecht II. die Vormundschaft über deren minderjährigen Söhne Sigmund und Ladislaus. Seine Ambition war jedoch nicht Wohltäterschaft, sondern die Einverleibung des ererbten Vermögens der beiden. Sigmund und Ladislaus – Letzterer kam erst nach dem Tod seines Vaters zur Welt und trug daher den Beinamen „Posthumus" – sahen nie auch nur eine Silbermünze. Da Albrecht II. vor seinem überraschenden Tod keine Zeit mehr gehabt hatte, sich um die finanzielle Versorgung seiner Gattin Elisabeth zu kümmern, musste diese nach und nach das Familiensilber veräußern. Ein Pfandhändler kam auf diese Weise in den Besitz eines goldenen Diadems und anderen Schmucks sowie von 50 Rubinen und 56 Saphiren. Es ist nicht schwer, zu erraten, wer die Schätze auslöste und damit seinen Reichtum weiter vergrößerte. Auch die Stephanskrone, das Herrschaftssymbol Ungarns, bekam Friedrich auf ähnliche Weise in seine Finger. Er musste sie allerdings wieder herausrücken, als der Ungarnkönig Matthias Corvinus politischen Druck auf ihn ausübte und ihn sogar anzugreifen drohte.

Als der junge Ladislaus seine Regentschaft antrat und den ungarischen Thron bestieg, erfuhr er die Geschichte der auf zwielichtige Weise angeeigneten Krone. Aufgestachelt und zornig schickte er ein ziemlich grobes Schreiben an seinen ehemaligen Ziehvater und forderte ihn zur Herausgabe seines Erbes auf. Da der Kaiser jedoch kurz zuvor nach einem Angriff der ständischen Opposition die Vormundschaft des Jungen hatte abgeben müssen, weigerte er sich und behielt sowohl das Geld als auch die Wertgegenstände. Knapp bei Kasse musste nun auch Ladislaus seine letzten Kleinodien beim Pfandleiher zu Geld machen. Friedrich eilte sofort los und holte die Kostbarkeiten zurück – um auch diese seinem Schatz hinzuzufügen.

Bildungslücken

Der lesefaule und asketische Kaiser

Friedrich III. verschenkte, wenn er denn schon Präsente überreichen musste, gern Bücher. Dabei handelte es sich im Mittelalter um durchaus wertvolle Gaben, da der Buchdruck noch nicht erfunden war und es sich bei jedem einzelnen Werk um ein Unikat handelte. Der Monarch selbst zeigte wenig Interesse am Lesen, wie ein Zeitgenosse einmal spöttisch anmerkte: „Der Kaiser gibt den Lorbeer, aber er kann ihn nicht schätzen. Eher liebt er das Lied, wie der Barbar es singt." Dennoch hat der Monarch *Die Geschichte Österreichs* bei Historiker Thomas Ebendorfer in Auftrag gegeben – ein Prestigeobjekt für seine „Scheinbibliothek". Als der Autor seinen umfangreichen Wälzer im Jahr 1451 bei Friedrich III. ablieferte, verschlug es diesem die Sprache. Erschrocken bat er um eine Kurzfassung des Inhalts, damit er Auskunft geben konnte, sollte ihn jemand über die Vergangenheit des Landes befragen.

Zum Desinteresse gesellte sich bei Friedrich schon bald rigorose Askese. Seine hübsche und temperamentvolle Gemahlin Eleonore von Portugal verbitterte zunehmend an der Seite ihres Mannes, der Musik, Tanz, gutes Essen, Alkohol und Sex verschmähte.

Der Kaiser hatte zudem die spleenige Angewohnheit, niederzuschreiben, was ihn den ganzen Tag über bewegte – und dabei handelte es sich selten um helle Geistesblitze. Auf diese Weise entstand ein Sammelsurium an Textfragmenten mit Inhalten zu wissenschaftlichem Halbwissen, religiösem Glauben und antiker Mystik. Hinzu kamen selbst erdachte Lebensweisheiten und irgendwo aufgeschnappte Sprichwörter. Im Alter befasste sich der Monarch mit Alchimie, in der Hoffnung, selbst Gold herstellen zu können. Das einzige konkrete Ergebnis seiner Labortätigkeit war ein Trank, der bei allen Leiden Heilung herbeiführen sollte. Seine Hofbediensteten bekamen dieses Elixier zu Versuchszwecken häufiger verabreicht als ihnen lieb war.

Ein rätselhafter Code

Des Kaisers Vorliebe für eine Vokalreihe

Kaiser Friedrich III. hegte eine fast schon kindliche Vorliebe für ausgefuchste Rätsel – sein größtes hat er der Menschheit hinterlassen: AEIOU! Mit dieser kryptischen Buchstabenfolge, deren Geheimnis bis heute nicht gelüftet ist, versah der schlitzohrige Monarch neben seinem Wappen alle möglichen Gegenstände in seinem Regentenhaushalt, egal ob es sich dabei um Kleinodien, Tafelgeschirr oder Wäsche handelte. Ebenso platzierte er die Vokalreihe als mystisches Besitzzeichen an diversen Bauwerken wie an seinen österreichischen Burgen in Wiener Neustadt, Graz und Linz sowie an der Orgelempore der Ruprechtskirche, dem ältesten Gotteshaus in Wien. Sie befinden sich darüber hinaus am Marmorgrab Friedrichs III. im Wiener Stephansdom. Auf Initiative Maria Theresias hin ziert das AEIOU seit 1752 außerdem das Wappen der Militärakademie Wiener Neustadt sowie die Siegelringe ihrer Absolventen.

Übermittelte der listige Habsburger mit der mysteriösen Signatur seinen Nachfolgern eine Botschaft oder handelte es sich um einen Code für seine Verbündeten? Interpretationsversuche wie unter anderen „Alles Erdreich ist Österreich Untertan" oder „Austria erit in orbe ultima" (lat. für „Österreich wird bestehen bis ans Ende der Welt") stellen lediglich Theorien und keinesfalls des Rätsels Lösung dar. Sie sind sogar relativ unwahrscheinlich, da den Phlegmatiker Friedrich eher Ängste vor Räubern quälten als imperialistische Visionen. Es existiert außerdem eine Deutung die Geburtsdaten Friedrichs III. und seines Vorbilds Rudolf IV. betreffend.

Auch die Tatsache, dass König Salomo – sein Bruder im Geiste, was die Jagd nach Gold betrifft – diese Kürzel schon rund 450 Jahre zuvor verwendet hat, könnte hinter Friedrichs Ambition stehen.

Am wahrscheinlichsten aber ist: Der Habsburger war einfach zu einfallslos, um sich eine schlauere Signatur auszudenken.

Die Tricks des Kaisers

Zwietracht säen und Köder auslegen

Da der an sich eher lethargische Friedrich III. absolut kein Talent zum Herrschen hatte, musste er sich hin und wieder der einen oder anderen List bedienen, um als Monarch glaubwürdig zu bleiben. Wollte er beispielsweise das Volk daran erinnern, dass er die Allgewalt besaß, griff er zu folgendem Trick: Wer seine Regeln missachtete oder Gesetze brach, wurde vorerst nicht bestraft, sondern in Sicherheit gewiegt. „Die Rache ist die Wirtschafterin der Zeit", stand in des Kaisers Notizbuch, und daran hielt er sich auch – er zog die Betreffenden erst dann zur Rechenschaft, wenn sie dachten, noch einmal davongekommen zu sein. Zudem säte der Habsburger still und leise, vermutlich mit einem schadenfrohen Grinsen im Gesicht, Zwietracht zwischen jenen, die sich in ihrer Abneigung gegen ihn einig waren. Bis eine der beiden Seiten seine Hilfe im Kampf gegen die andere benötigte und ihn um Unterstützung bat – woraufhin der Kaiser freundlich, aber bestimmt darum ersuchte, den Streit ohne sein Zutun und möglichst friedlich beizulegen. Oder er half der einen oder anderen Partei und forderte anschließend eine Gegenleistung.

Eine im krassen Gegensatz zu seiner beruflichen Durchtriebenheit stehende kindlich List wandte Friedrich III. in seinem Privatleben an: Als den alternden, nörgelnden Griesgram in seinen späten Jahren kaum jemand mehr ertrug, ihm sogar die Dienstboten wegzulaufen drohten, versteckte der Kaiser in den Räumen seiner Burgen winzige Goldschätze als Köder, die man behalten durfte, wenn man sie fand. Das funktionierte – zumindest eine Zeit lang. Als sich das royale Manöver erst einmal herumgesprochen hatte und die Motivationsklunker immer kleiner ausfielen, verstaubten seine Gemächer wieder zusehends. Auch die Küche blieb kalt und so verstarb der Kaiser tatsächlich an den Folgen übermäßigen Obstgenusses mit folgendem ruhrartigen Durchfall.

Der hartnäckige Verehrer

Wie eine Prinzessin unter die Haube kam

Friedrich III. hatte eine hübsche Tochter namens Kunigunde, die recht ungezwungen aufwuchs – bis sie ins heiratsfähige Alter kam. Sie wollte Matthias Corvinus, der schon 1470 beim Herrn Papa um die Hand des damals erst fünfjährigen Mädchens angehalten hatte. Doch der König von Ungarn passte nicht in die kaiserlichen Pläne, weshalb die 15-Jährige auf die Grazer Burg umsiedeln musste, um fern der Heimat ihren Liebeskummer zu verwinden. Dort wurde sie beinahe zum Opfer einer Verschwörung, die allerdings rechtzeitig aufgedeckt werden konnte, was der Prinzessin das Leben rettete.

Friedrich ließ seine Tochter daraufhin nach Innsbruck zu Herzog Siegmund bringen, dem er in Freundschaft verbunden war. In Tirol lernte das junge Mädchen den um 18 Jahre älteren bayerischen Herzog Albrecht IV. kennen, der sich von der Heirat einen Machtgewinn erhoffte. Kunigunde war mit der Ehe ebenfalls einverstanden und zog zu ihrem Bräutigam in spe. Doch noch während der tagelang dauernden Heiratsverhandlungen besetzte Albrecht die Reichsstadt Regensburg, woraufhin Friedrich die beinahe schon erteilte Einwilligung zur Vermählung wieder zurückzog. Kunigunde wurde als Spielball des machtpolitischen Kräftemessens wieder an den Hof in Innsbruck zurückgebracht und fand sich damit ab, nun doch nicht zu heiraten. Der bayerische Herzog dachte jedoch gar nicht daran aufzugeben, verbündete sich mit Siegmund und legte der jungen Frau eine gefälschte Erlaubnis Friedrichs III. zur Hochzeit vor. Kunigunde fügte sich dem scheinbaren Willen ihres Vaters und ehelichte den Betrüger. Der Kaiser schäumte vor Wut, als er von der Trauung erfuhr, und verstieß seine Tochter, von der er annahm, dass sie von dem Schwindel gewusst hatte. Eine Aussöhnung zwischen den beiden fand erst fünf Jahre später statt, eingefädelt von Maximilian I., Kunigundes Bruder. Sein Schwiegersohn blieb Friedrich jedoch bis zu seinem Tod verhasst.

Der eitle Pfau

Narzissmus, Propaganda und Selbstdarstellung

Bei den Habsburgern gab es jede Menge ausgeprägte Narzissten, die sich für ein gottgleiches Wesen als Nabel der Welt hielten. Der eitelste Pfau im Haus Habsburg war Maximilian I., der sich, wo er stand und ging, in Szene setzte und sich wie ein lebendes Denkmal zur Schau stellte. Laufend mischte sich der „Showstar" unters Volk, schüttelte Hände, herzte Kinder und machte Scherze mit den Leuten. Er gab zudem für Frauen und Partys gern das Geld in vollen Händen aus, weshalb auch eine Pleite die nächste ablöste. Da der Monarch aus diesem Grund in von ihm bereisten Städten häufig die Zeche prellte, wurde er schon bald „der Kaiser mit den fliehenden Sohlen" genannt. Seine Vorliebe für Turniere und seine ausgezeichneten Reitkünste trugen ihm zudem den Beinamen „der letzte Ritter" ein. Seine Nachfahren allerdings bezeichneten Maximilian aufgrund seines teilweise rabaukenhaften Benehmens als „Ritter ohne Furcht und Adel".

Nach dem Tod seiner geliebten Gattin Maria im Jahr 1482 entwickelte sich der Regent zum fast manischen Selbstdarsteller, der aus sich selbst einen Mythos kreieren wollte, laufend an seiner eigenen Legende arbeitete und sein Leben wie eine Realityshow inszenierte.

Beispielsweise stieg er zur Gämsenjagd mit auffälliger Bekleidung in die steile Tiroler Martinswand und turnte über die Felsen – allerdings immer nur vor Publikum, das ihm aus der Ferne bewundernd zujubelte. Darüber hinaus ließ er Münzen und Plakate mit seinem Antlitz herstellen und mit einem PR-Text über seinen Erfolg bei Frauen und seine Tapferkeit im Volk verteilen. Zudem erfand er laufend Geschichten, wie etwa die, dass er in München einer Löwin mit Gewalt das Maul geöffnet und in Münster ganz oben auf den Zinnen der Stadtmauer getanzt hätte. Nicht zuletzt verfasste er drei autobiografische Heldenepen über sich selbst, um ewig im Gedächtnis der Menschen zu bleiben.

Der Mantel Jesu

Als ein Kaiser Papst werden wollte

Maximilian I. arbeitete sein Leben lang an seiner eigenen Göttlichkeit, die ihn unsterblich machen sollte. Er brachte dafür nicht nur Heldengeschichten von sich in Umlauf, sondern auch christliche Legenden. So soll er von einem Engel ersucht worden sein, nach Trier zu reiten. Der Kaiser leistete der Bitte Folge, und als er in der Stadt die Kathedrale betrat, flammten plötzlich auf dem Altar alle Kerzen auf. Als man den Monarchen beiseiteschob, damit er sich nicht verbrannte, entdeckte man unter dem Opfertisch ein altes Kleidungsstück. Es stellte sich heraus, dass es sich um den Mantel Jesu handelte – die Würfel, mit denen die römischen Soldaten auf Golgatha dessen nächsten Besitzer bestimmt hatten, lagen nämlich praktischerweise auch dabei. Als echter PR-Profi brachte Maximilian die Legende zu jenem Zeitpunkt in Umlauf, als er beschloss, Papst werden zu wollen. Weniger als Oberhaupt der katholischen Kirche, sondern vielmehr als Chef einer der einflussreichsten Machtzentralen Europas, gedachte er den Posten zur Führung eines Kreuzzugs zu nutzen und an die großen Heldenschlachten wie jene unter Friedrich Barbarossa anzuknüpfen.

Maximilian, der sich seiner Sache sicher war, machte bereits Scherze über seine ständig wachsende Heiligkeit. Mit dem Zölibat hätte er auch kein Problem gehabt, da er nach dem Tod seiner geliebten Maria und zwei weiteren kaum der Rede werten Vernunftehen keine Frau mehr anzurühren gedachte. In jener Zeit entstand das Zitat des mit übersteigertem Selbstwertgefühl ausgestatteten Monarchen: „Es gibt nur einen, der mehr gelitten hat als Jesus: mich!"
Der wichtigste Finanzier des dauerpleiten Kaisers, Jakob Fugger, wollte allerdings keine Probleme mit seinen römischen Geschäftspartnern. Er drohte daher mit dem Zudrehen des Geldhahns, sollte Maximilian an seinem Vorhaben festhalten, woraufhin der Plan scheiterte.

„La loca"

Wenn die Liebe wahnsinnig macht

Als Philipp I. geboren wurde, streuten Agenten des französischen Königs Ludwig XI. das Gerücht, Kaiser Maximilian wäre „nur" eine Tochter geboren worden. Patentante Margareta von York entblößte das Kind daraufhin öffentlich auf dem Marktplatz der niederländischen Stadt Brügge, um das Gegenteil zu beweisen. Da dem Knaben die mädchenhaft zarten Züge, die helle Haut und die rotblonden Locken blieben, wurde er schon bald „der Schöne" genannt.

Als er im Alter von 18 Jahren seine zukünftige Ehefrau Johanna von Kastilien zwei Tage vor der geplanten Hochzeit kennenlernte, wurden die beiden bei diesem ersten Aufeinandertreffen sofort von lodernder Leidenschaft erfasst. Sie ließen sich noch am selben Abend blitztrauen und fielen danach regelrecht übereinander her. Der Habsburger konnte nicht ahnen, dass sich seine Gemahlin schon bald in eine wahre *rage d'amour* hineinsteigern sollte. Philipp fühlte sich nach einigen Jahren der Herrschaft in Spanien nicht mehr wohl und begab sich „auf unbestimmte Zeit" nach Brügge. Johanna reiste ihm nach und ließ sich, als man sie aufhalten wollte, sogar eine ganz Nacht lang zwischen zwei Toren einsperren. In den Niederlanden angekommen, fand sie Philipp mit einer anderen Frau vor. Kurz bevor diese von Johanna an die Luft gesetzt wurde, wollte sie ihrem Liebhaber noch einen Brief zustecken. Als die eifersüchtige Ehefrau dies bemerkte, zerriss Philipps Gefährtin den Zettel, stopfte ihn sich in den Mund und verschluckte ihn. Daraufhin ging Johanna mit einer Schere auf die Rivalin los – wäre der untreue Gatte nicht dazwischengegangen, hätte es ein Blutbad gegeben.

Johanna ließ in der Folge Liebestränke brauen, um die Leidenschaft ihres Mannes für sie wiederzuerwecken. Als die Flaute im Bett andauerte, führte dies bei Johanna langsam zur geistigen Umnachtung. Schon bald nannte man sie nur noch Johanna „la loca" (= „die Wahnsinnige").

Im Ledersack an Bord

Die Erfindung des Airbags

Philipp I. konnte zwar gut flirten und fechten, entpuppte sich bei so mancher Gelegenheit allerdings als richtiges Weichei. So ließ sich der Sohn von Kaiser Maximilian I. im Jahr 1506 auf einem Schiff während einer stürmischen Überfahrt von Belgien nach Spanien in einen Ledersack einnähen. Dieser wurde anschließend aufgeblasen und außen mit dem Titel und Namen des Habsburgers versehen. Philipp wollte sich erstens beim Herumschlittern auf den nassen Planken nirgends anstoßen und verletzen, darüber hinaus im Falle des Kenterns nicht untergehen. Wäre er dennoch ertrunken, sollte man zumindest wissen, wer in dem angeschwemmten Sack steckte, hätte man die Leiche irgendwann gefunden. Seine Gattin Johanna „die Wahnsinnige" blieb gelassen: Sie saß die ganze Zeit über zu den Füßen ihres geliebten Gemahls und beruhigte das Nervenbündel mit leise gesungenen spanischen Liedern.

Aber auch seine Schwester Margarete machte sich den „Airbag" an Bord zunutze, als sich die Überfahrt von den Niederlanden nach Spanien aufgrund schwerer Stürme sehr turbulent gestaltete. Die Habsburgerprinzessin befand sich auf dem Weg zu ihrem zukünftigen Ehemann Juan von Kastilien, nachdem sie ihr erster Bräutigam hatte sitzen lassen. Fest entschlossen, endlich unter die Haube gebracht zu werden, behielt sie tapfer die Nerven: Die junge Frau ließ sich ebenfalls in eine Lederhaut einnähen, die anschließend aufgepumpt wurde. Zuvor hatte sie ihren Schmuck in ein Tuch gewickelt, sich dieses um den Arm gebunden und mit ihrem Namen versehen. Sie wollte wie ihr Bruder, dass man ihre Leiche identifizieren konnte, sollte diese nach dem Ertrinken an Land gespült werden. In den bangen Stunden auf See dichtete die humorvolle Margarete außerdem einen Spruch für ihren Grabstein: „Hier ruht Margarete, die edle Dame, welche zwei Ehemänner hatte und doch als Jungfrau starb."

Die geraubte Tochter

Eine herzlose Ablenkung

Ein ganz übles Schurkenstück vollbrachte Karl V., nachdem sein Vater Philipp I. verstorben war. Dessen Witwe Johanna schrie tagelang vor Schmerz und weigerte sich, den Leichnam ihres Gatten zur Bestattung freizugeben. Im Anschluss zog sie gramgebeugt durchs Land, den Sarg mit Philipps Leiche an einem Tau hinter sich her schleifend, und behauptete, ihr Mann würde nur schlafen. Hin und wieder öffnete sie die Holztruhe und küsste ihren Geliebten auf die bleichen, kalten Lippen. Die Männer der royalen Garde wurden dabei stets von Übelkeit geplagt, da der Tote natürlich „nit nach civet" („nicht nach Parfum") roch – auch wenn Philipp nach seinem Ableben die Organe entnommen worden waren und man dem Körper „die Säfte ausgepresst" und ihn mit Gewürzen gefüllt hatte. Während sich Johanna ausruhte, mussten ihre bewaffneten Begleiter dafür sorgen, dass keine Frau dem Sarg zu nahe kam – die eifersüchtige Spanierin, Kummer mit ihrem untreuen Gatten gewohnt, wollte ihn wenigstens nach seinem Tod nicht mehr teilen müssen.

Karl V., in dessen Reich die Sonne nie unterging, verzweifelte zunehmend an seiner Mutter, die völlig verwahrloste. Schließlich wusste er sich nicht mehr anders zu helfen, als sie wegsperren zu lassen. Der armen Frau wurde verschwiegen, dass ihr Vater Ferdinand II. von Aragón verstorben war, damit sie nicht auf die Idee kam, Ansprüche auf eine Mitregentschaft zu stellen. Dieses Verhalten war typisch für Karl V., waren seine zwei Lieblingswörter doch „temporisieren" (hinhalten) und „dissimulieren" (im Unklaren lassen).

Als Johanna jedoch begann, unangenehme Frage zu stellen, ließ der Kaiser zur Ablenkung seine elfjährige Schwester Katharina entführen. Kurz darauf brachte er das Mädchen zurück und behauptete, er hätte es aufgespürt und heimgebracht. Seine Mutter glaubte ihm und fragte nicht mehr nach ihrem Vater und einem möglichen Erbe.

Der Bastard in der Satteltasche

Karl V. und die hartnäckige Barbara Blomberg

Das Zeugen von „Bastarden" hatte im Haus Habsburg Tradition, allerdings wurden die wenigsten als legitime Nachfolger anerkannt. Karl V. jedoch verhielt sich wie ein Ehrenmann. Als er noch am Hof seiner Tante Margarete in den Niederlanden von der einfachen Magd Johanna van Gheest „entjungfert" wurde, akzeptierte er das dabei gezeugte Kind als „natürliche Tochter".

Ebenso verhielt er sich bei Juan de Austria, der aus einer stürmischen Beziehung mit der Regensburger Kaufmannstochter Barbara Blomberg hervorging. Die stadtbekannte Schönheit lernte den Regenten im Sommer 1546 auf einem Reichstag in Regensburg kennen und wurde von ihrer ehrgeizigen Mutter dazu gedrängt, sich „willig zu zeigen". Barbara Blomberg ließ sich daher auf ein Techtelmechtel mit Karl ein, nachdem der ihr gegenüber seine Verführungskünste hatte spielen lassen.

Nachdem der Kaiser aus Regensburg abgereist war, folgte ihm Barbara Tage später bis zu seinem Lager in Sachsen. Als man die junge Frau dort nicht hineinlassen wollte, verkleidete sie sich als Bursche und fiel dem damals schwer erkrankten Monarchen kurz darauf in die Arme. Neun Monate später kam ein Junge zur Welt, der auf den Namen Hieronymus getauft und etwa ein Jahr später auf Geheimbefehl seines Vaters mit dem Namen Juan de Austria nach Spanien gebracht wurde. 1577 befand sich der Bursche in Frankreich und begann eine Affäre mit Margarete von Valois, der Schwester des französischen Königs. Ihr wurde nachgesagt, dass sie sich ihrer Liebhaber entledigte, sobald sie ihrer überdrüssig wurde. Dieses Los traf ein Jahr später auch Juan de Austria, den sie langsam vergiftete. Sein Leichnam sollte nach Spanien überführt werden, doch der Transport mittels Schiff schien zu riskant. So entschied sich sein Bruder Philipp II. für den Landweg, ließ Juans Körper zerstückeln und auf mehrere Pferde-Satteltaschen verteilt heimtransportieren.

Tödliche Blähungen

Der gefräßigste Habsburger aller Zeiten

Karl V. war gefräßiger als jeder Habsburger vor und jeder nach ihm. Sein Motto lautete „de la messa a la menza", also „von der heiligen Messe zur Tafel". Er galt bei Hof und im ganzen Land darüber hinaus als schlecht kauend und schlecht verdauend, wovon seine lautstarken, übelriechenden Blähungen zeugten, die in geschlossenen Räumen angeblich sogar die Fliegen tot von der Decke fallen ließen. Aufgrund seiner Magen-Darm-Probleme litt er auch stets an ungesunder Hautfarbe. Am liebsten verspeiste der verfressene Regent Austern, Langusten, Aal in Sülze, Fischpaste, scharfe Würste, Fasanenbrüste und Erdbeeren mit Sahne. Schon zum Frühstück trank er mehrere Krüge eisgekühlten Biers.

Als Karl V. als greiser Kaiser in Rente nach Westspanien reiste, um sich in einem Landhaus neben dem Kloster von San Yuste niederzulassen, erwarteten ihn bei der Ankunft zwei Wagen, über und über beladen mit Delikatessen. Die Stimmung des alten Mannes besserte sich beim Anblick der Köstlichkeiten umgehend, er ließ die Töpfe, Krüge, Kannen und Kasserollen sofort öffnen und kostete gierig deren Inhalte. Auch in der Folgezeit bereitete der pensionierte Regent seinem Leibarzt mit seinem zügellosen Vertilgen fetter Speisen und dem Trinken ungeheurer Mengen von Alkohol großen Kummer. Die ungesunde Ernährung verschlimmerte nicht nur seine Gicht, sondern auch die Schmerzen, die ihm seine monströsen Hämorrhoiden verursachten. In San Yuste machten sich dann auch noch alle Anzeichen einer Zuckerkrankheit bemerkbar, was bei Karls Tafelexzessen nicht weiter verwunderlich war, zudem litt er an Asthma. Des Ex-Kaisers treuer Diener Don Luis de Quijada zitierte dem Herrscher gegenüber oft die spanische Redensart: „Gicht wird durch den Mund kuriert." Viel Erfolg hatte er damit nicht. Karl V. kam bis zu seinem Lebensende von der Völlerei nicht los, obwohl er an Malaria verstarb.

Genlotterie

Eine Bohrung und ein Skelett im Bett

In den Reihen der Habsburger gab es nicht nur geniale Strategen, machtverliebte Egozentriker und harmlose Familienmenschen – die Dynastie kann durchaus auch mit einigen richtigen „durchgeknallten" Exemplaren aufwarten. Einer von diesen war Don Carlos, der Sohn von Philipp II. und dessen erster Gattin Maria von Portugal. Bei den Eltern handelte es sich um Cousin und Cousine, sowohl auf mütterlicher als auch auf väterlicher Seite. Der junge Spanier hätte Anna, die Tochter von Maximilian II., heiraten sollen, starb aber jung, weshalb diese danach seinen Vater Philipp II. zum Gemahl nahm und zu dessen vierter Ehefrau wurde. Annas Bruder Rudolf II. heiratete dafür Philipps Tochter Isabella Clara Eugenia. Philipp II. war übrigens der Cousin von Maximilian II.! Verwirrend? Natürlich!

Don Carlos, der aufgrund der habsburgischen Genlotterie auch durch einen Buckel und ein verkürztes Bein entstellt war, fiel im Alter von 17 Jahren sturzbetrunken eine Treppe hinunter. Nach dem Unfall erblindete er zeitweise, was seine lichten Momente zusätzlich einschränkte. Ihm wurde im Rahmen einer grauenvollen Operation die Schädeldecke aufgebohrt, um ihn von den „giftigen Dämpfen" zu befreien, was im Anschluss zu weiterem Kontrollverlust führte. Sein Vater ließ dem jungen Mann daraufhin auf Anraten eines „Wunderheilers" zwecks Besserung seines Zustands für einige Tage ein Skelett ins Bett legen – natürlich ohne Erfolg. Als ihm Papa Philipp aufgrund seines „infantilen Verhaltens und geistiger Abnormität" das Ministeramt entzog, tötete der junge Mann aus Rache dessen Lieblingspferd. In einer Dachkammer eingesperrt, verschluckte der verwirrte Bursche anschließend einen Diamantring mit der Absicht, sich umzubringen, was jedoch misslang. Danach trank er Unmengen an Eiswasser, was zu schweren Koliken und Fieberkrämpfen führte, an welchen er 1568 im Alter von 23 Jahren verstarb.

Die Antenne ins Jenseits

Magische Schätze und Symbole

Einer der ersten richtigen Wundergläubigen bei den Habsburgern war Kaiser Rudolf II., der sich schon früh dem Spiritismus zuwandte. An seinem Hof in Prag scharte der Regent neben Künstlern und Weisen auch Wahrsager, Astrologen und Alchimisten um sich und besaß ein eigenes Labor für spiritistische Experimente. Rudolf ließ sich 1602 vom kaiserlichen Kammergoldschmied und Juwelier Jan Vermeyen in Prag seine berühmte Hauskrone anfertigen, die ihm eine Verbindung mit dem Überirdischen garantieren sollte. Auf der Spitze des Prunkstücks saß ein blauer Saphir als immer wiederkehrendes magisches Symbol der Habsburger, der dort als eine Art Antenne in Jenseits fungierte. Der „Zauberhut" von Rudolf II. ist gegenwärtig in der Schatzkammer der Habsburger in der Wiener Hofburg zu bewundern.

In der Sammlung des Monarchen befand sich außerdem das „Ainkhürn", ein Narwalzahn, den man damals für das Horn eines magischen Einhorns hielt. Darüber hinaus besaß er sogenannte Bezoare, tierische Magensteine, die sich im Leib der Tiere durch unverdauliche Futterreste bildeten und in der Nähe von Menschen schädliche Stoffe neutralisieren sollten. Aus Angst, vergiftet zu werden, ließ Rudolf einen seiner Bezoare aushöhlen und vom Kammerjuwelier zu einem „Zauberbecher" umarbeiten, der ihm im Ernstfall das Leben retten würde.

In einer Ecke des Naturhistorischen Museums in Wien steht außerdem ein Glasgefäß, in dem sich ein in Spiritus eingelegter „echter" Basilisk befindet, den sich der Kaiser einst hatte andrehen lassen. Es handelt sich dabei um einen Rochen, der zerschnitten, gefaltet und falsch wieder zusammengenäht wurde, sodass Beine, Flügel und Hörner entstanden. Unter den Nasenlöchern, die aussehen wie Augen, sitzt ein breit lächelndes Maul, das den Betrachter zu verhöhnen scheint.

Im Alter meinte Rudolf von Dämonen besessen zu sein und war daher ab 1606 regierungsunfähig.

Der rasende Don Julio

Ein Gemetzel aus Eifersucht

Rudolf II. blieb unverheiratet, zeugte jedoch insgesamt sechs Kinder, vier mit seiner Geliebten Katharina Strade und zwei mit unbekannten Frauen. In seinen ältesten Sohn Julius d'Austria, auch Don Julius Caesar oder Don Julio genannt, setzte der Kaiser anfangs große Hoffnungen und achtete darauf, dass er eine gute Erziehung erhielt. Doch schon bald zeigte sich bei dem Burschen die psychische Unausgeglichenheit des Vaters in potenzierter Form. Julius war allerdings bei Weitem nicht so harmlos wie sein alter Herr und musste sein Leben lang von Psychiatern begleitet werden. Der Kaiser wies ihm im Jahr 1605 Schloss Krumau im heutigen Südböhmen als Wohnsitz zu, damit er in Österreich keinen Unsinn mehr anstellen konnte.

Der triebgesteuerte junge Mann warf im Alter von 22 Jahren seine Geliebte Markéta Pichler, die Tochter eines Baders, in einem Tobsuchtsanfall aus dem Fenster, was diese leicht verletzt überlebte. Die junge Frau kehrte zu Don Julio zurück, als der sie erpresste: Er hatte ihren Vater einsperren lassen und drohte damit, ihn zu erhängen. Einige Wochen später kam es zu einem großen Streit, woraufhin der Habsburger das Mädchen bestialisch ermordete und zerstückelte. Das Motiv soll Eifersucht gewesen sein. Er schnitt Markéta die Ohren ab, schälte ein Auge aus dem Kopf, stieß ihr die Zähne bis in den Rachen hinunter und spaltete ihre Schädeldecke so tief, dass das Hirn heraustrat. Nach dem drei Stunden dauernden Gemetzel rief er seine Wirtschafterin und einen Wärter, verband seinem Opfer die Augen und durchbohrte die Tote noch einmal mit seinem Degen. Anschließend befahl er, die Leiche in einem Leintuch hinauszutragen. Don Julio wurde nach der Tat von seinem Vater Rudolf II. höchstpersönlich auf seinem Schloss eingekerkert, wo er gänzlich verwilderte und 1609 an einem Geschwür im Hals und in völliger geistiger Umnachtung verstarb.

Heilendes Menschenschmalz

Hexenmagie im Habsburgerreich

In der Zeit der Hexenverfolgungen bestärkten neben den kirchlichen Würdenträgern auch die Habsburger das Volk in seiner Angst vor den „suspekten Weibsbildern". Auf diese Weise lenkten sie die Aufmerksamkeit ihrer Bürger weg von politischen, sozialen und wirtschaftlichen Missständen hin zu den unheilvollen Kräften der „Kräuterweiber". Es wurde behauptet, Hexen hätten übersinnliche Fähigkeiten und einen Pakt mit dem Teufel geschlossen, sie wären unter anderem verantwortlich für Unwetter, schlechte Ernten, Seuchen und den frühen Kindstod.

Einige Habsburger litten auch selbst unter einer „Wiccaphobie". So hatte etwa Rudolf II. zeit seines Lebens panische Angst vor Hexen sowie deren Verwünschungen und Flüchen. Die der Magie und Zauberei verdächtigten Frauen stammten häufig aus gesellschaftlichen Randgruppen und waren etwa Witwen, Dirnen, Bettlerinnen oder Vagabundinnen. Innerhalb von 300 Jahren wurden während der Regierungszeit der Habsburger geschätzte 60.000 Hexen hingerichtet. Zudem haben Vertreter des Klerus etliche Exorzismen an „verdächtigen Weibern" vollzogen, die vom jeweiligen Kaiser genehmigt wurden.

Eine der vielen Massentötungen und -folterungen in jener Zeit fand im Jahr 1678 bei der Heirat des Habsburgers Carlos II. mit Prinzessin Marie Louise d'Orléans statt. Im Rahmen dieser Zeremonie haben ein Henker und drei seiner Knechte 22 Menschen verbrannt und 60 weitere gezüchtigt und wurden dabei von den geifernden Gästen lautstark bejubelt und angefeuert.

Bis ins 18. Jahrhunderte waren Hexen allerdings oft die erste Anlaufstelle für viele Kranke, die mit Pflanzentinkturen, aber auch mit Theriak, Opium, Vipernfleisch und sogar Menschenschmalz behandelt wurden. Gerüchten zufolge sollen sich auch etliche Habsburger solchen Prozeduren unterzogen haben, etwa Joseph II., der seine Gicht mit Leichenfett zu lindern hoffte.

Schwarze Kammern

Spionage und Geheimdienst im Habsburgerreich

Im 17. Jahrhundert entstanden in Wien, wie in vielen anderen Städten der Kronländer im Habsburgerreich, „Schwarze Kammern", auch „Brieflogen" genannt. Es handelte sich dabei um Räumlichkeiten, in denen Nachrichten mit verschlüsselten Botschaften abgefangen, entschlüsselt und kopiert wurden. Die Originale hat man danach an die Empfänger weitergeleitet. Eine der bekanntesten Schwarzen Kammern war die geheime Kabinettskanzlei in einem Flügel der Hofburg, die mit ihrer Tätigkeit nicht nur feindliche Angriffe auf die Monarchie vereitelte, sondern auch einen schwunghaften Handel mit vertraulichen Informationen betrieb. Darüber hinaus unterstützte der Kaiser seine Beamten dabei, gezielt Falsifikationen in Umlauf zu bringen, um in Wien ansässige Spitzel auf eine falsche Fährte zu führen oder sogar zu entlarven. Der Lohn für gut gemachte und zum Erfolg führende Fälschungen bestand häufig in einer Erhebung in den Adelsstand. Allerdings richtete sich diese geheimdienstliche Tätigkeit nicht nur gegen den äußeren Feind, sondern auch gegen die Bürger, weshalb die Kabinettsdiener und ihre Familien von der Bevölkerung vollständig isoliert und von der Polizei überwacht wurden. Sie erhielten außergewöhnlich hohe Lohngelder und privilegierte Wohnungen.

Im 18. Jahrhundert musste man in der österreichischen Hauptstadt bereits einen Meldezettel ausfüllen, wenn man dauerhaft dort wohnte. Diese Maßnahme diente zur Identifikation von Spionen.

Mit dem „Evidenzbureau" wurde 1850 der erste ständige militärische Geheimdienst der österreichisch-ungarischen Monarchie geschaffen. Dieser dokumentierte jedoch nicht nur feindliche Aktivitäten, sondern überwachte auch die Habsburger selbst. Von dieser Stabsstelle stammen beispielsweise auch die Berichte über die zahlreichen Affären von Kronprinz Rudolf und die Liebschaft seines Vaters mit Anna Nahowski.

Der „Fotzenpoidl"

Die Missbildungen der Habsburger

Aufgrund oftmaliger Fortpflanzung in den eigenen Reihen traten in mächtigen Herrscherhäusern einst zahlreiche erbliche Belastungen auf. Bei den Habsburgern hieß es: „Sie schielen auf eine jahrhundertelange Inzucht zurück!" Neben der Augenfehlstellung setzten sich aber auch noch andere optisch signifikante Merkmale durch, beispielsweise ein hervorstehender Unterkiefer, ein Höcker auf der Nase und ein „Turmschädel". Einige Familienmitglieder waren zusätzlich mit einem wie nach einem Schlaganfall hängenden Mundwinkel sowie einer damit einhergehenden schlecht artikulierten Aussprache geschlagen – besonders für die weiblichen Familienmitglieder ein hartes Los.

In den vielen Jahrhunderten der Habsburgermonarchie fürchtete sich die Bevölkerung aufgrund der genetischen Deformationen immer wieder vor unfähigen Herrschern, machte sich aber zugleich auch über die „hässlichen Gesichter" ihrer Regenten lustig.

In Spanien soll ein in der Menge stehender Bauer Kaiser Karl V., der aufgrund seines starken Überbisses den Mund immer leicht geöffnet hatte, bei dessen Ritt durch die Gemeinde zugerufen haben: „Eure Majestät, schließen Sie bitte Ihren Mund, die Fliegen in unserem Land sind sehr unverschämt."

Ähnliches ist von Maria Theresias Großvater Leopold I. überliefert, der sich einmal beim Kegeln im Freien darüber ärgerte, dass es ihm in den Mund regnete. Sein Begleiter, Fürst Giovanni Ferdinando de Porcia, riet daraufhin dem Monarchen, doch einfach den Mund zu schließen. Zudem war er kurzsichtig und blinzelte ständig, hatte „Kamellippen" und „Gurkenfinger". Seine entstellte Mundpartie ist heute an seiner Statue an der Pestsäule am Wiener Graben zu bestaunen, die auch „Fotzenpoidl" genannt wird. Es heißt allerdings, dass die Missbildung an dem Denkmal übertrieben dargestellt wurde, weil Leopold I. dem Erbauer der Säule nicht den ausgemachten Lohn bezahlen wollte.

Die habsburgischen Mannsweiber

Die wenig damenhafte „habsburgische Unterlippe"

Einige weibliche Mitglieder der Familie Habsburg wurden aufgrund der „habsburgischen Unterlippe", die dem Gesicht eine gewisse Härte verlieh, nicht selten als „Mannsweib" bezeichnet.

In die Dynastie eingeschleppt hat den optischen Makel angeblich Cimburgis von Masowien, bei deren Vorfahren der Unterkiefer bereits auffallend hervorgestanden haben soll. Die polnische Königstochter hatte aber noch weit mehr zu bieten als nur ein maskulines Äußeres: Sie konnte laut Zeitzeugenberichten mit bloßen Händen ein Hufeisen zerbrechen, nur mit den Fingern Eisennägel aus der Wand ziehen und ohne fremde Hilfe riesige Heuballen stemmen. Die robuste Dame, die im Jahr 1412 von Herzog Ernst I. von Österreich geehelicht worden war, brachte neun Kinder zur Welt, darunter den späteren Kaiser Friedrich III.

Im 16. Jahrhundert galt Maria von Ungarn, die Schwester von Kaiser Karl V., als typisches Mannsweib. Sie wird als eine nicht eben attraktive Persönlichkeit beschrieben, hatte die markante „habsburgische Unterlippe" geerbt und verfügte daher über einen besonders ausgeprägten Vorbiss. Maria galt allerdings auch als sehr redebegabt, klug und fleißig, zeigte zudem, wie damals kaum eine Frau, großes Interesse für Politik und jagte für ihr Leben gern. 1531 weigerte sie sich, nach ihrer ersten Ehe erneut zu heiraten, und übernahm stattdessen das Amt der Statthalterin in den Niederlanden. 1542 schlug sie ihren Schwager König Franz I. von Frankreich in der Schlacht bei Luxemburg, weil dieser nicht mit der Aktion einer Frau rechnete.

Ebenfalls stark maskuline Züge trug im 16. Jahrhundert aufgrund eines vorstehenden Kinns und einer vorgewölbten Unterlippe Maria von Österreich. Die Tochter Kaiser Ferdinands I., die mit zunehmendem Alter unter Wahnvorstellungen litt, soll in den letzten Monaten vor ihrem Ableben außerdem zu starkem Bartwuchs am Kinn geneigt haben.

Der Party-Kaiser

Rossballette, Schlittenfahrten und Maskeraden

Leopold I. veranstaltete mit großer Vorliebe feudale Feste mit jeder Menge Prunk, Pomp und Pracht. Er präsentierte sich gern als honoriger und glamouröser Barockkaiser, der Unsummen für die Unterhaltung seiner Gäste ausgab. So organisierte er etwa im Winter Schlittenfahrten auf eigens aufgeschütteten Schneehügeln in der Hofburg und im Sommer Schwimmwettbewerbe in möglichst üppiger Maskerade.

Vor allem von Neujahr bis Faschingsdienstag fanden ununterbrochen Redouten und Bälle statt, auf denen die Adeligen bis zum Tagesanbruch tanzten. Besonders beliebt war das Maskenfest „Schenke", bei dem die Hofburg in das Landgasthaus „Schwarzer Adler" verwandelt wurde und sich das Monarchenpaar als bäuerliche Wirtsleute verkleidet unter die Gäste mischte.

Leopold komponierte auch gern, beispielsweise gemeinsam mit dem italienischen Musiker Antonio Cesti die Oper *Il pomo d'oro* (Der goldene Apfel). Das musikalische Werk wurde bei seiner Hochzeit mit Margarita Teresa aufgeführt, und zwar in einem eigens für diesen Anlass errichteten Theater auf dem Platz der heutigen Nationalbibliothek. Für dieses Spektakel gab der exzentrische Kaiser 100.000 Gulden (gerechnet auf die damalige Kaufkraft rund eine Million Euro) aus: für mehr als 1300 Adelige, die als Darsteller fungierten und kostbare Gewänder trugen, Schiffe, die in den Burghof einfuhren, künstlich geschaffene Berge, eine riesige, sternenglitzernde Weltkugel, 80.000 Feuerwerkskörper, 73.000 Glutbälle, 300 Riesenraketen, 350 Fanfarenbläser sowie 150 Kesselpaukenspieler und vieles mehr – und über allem schwebte die Vokalfolge AEIOU, von Kaiser Friedrich III. als mystisches Symbol des Hauses Österreich etabliert. Beim *gran final* stieg Leopold als plastische Figur aus einer monströsen Muschel und hielt in der Hand zu Ehren seiner frisch angetrauten Gattin eine leuchtende Perle, auf Spanisch „margarita".

Die Herren der Schlüssel

Rituale und Religiosität eines Exzentrikers

Leopold I. sollte ursprünglich Priester werden und hat schon als Kind aus Bausteinen Kapellen errichtet. Als er jedoch damit begann, Melodien trällernd ballettartig durch die Gegend zu springen, meinte der Familienrat, er und seine Extrovertiertheit wären in der Hofburg besser aufgehoben als in einem Gotteshaus. Das kam ihm sehr gelegen, da er ohnehin lieber Partys veranstaltete, als in die Kirche zu gehen und zu beten.

Im Gegensatz zu Leopolds Feierlaune standen allerdings seine Disziplin und die Vorliebe für spanische Mode und Hofzeremonielle. Der Kaiser mit der wulstigen Unterlippe trug daher privat am liebsten Hemden mit Puffärmeln, dazu kurze Pluderhosen, Strümpfe, Lackschuhe und einen federgeschmückten Hut auf der voluminösen Lockenperücke. Seine Gäste zwang er bei der Begrüßung, die „spanische Reverenz" auszuführen – die Personen mussten sich dabei drei Mal verbeugen und danach auf einem Knie zu Boden sinken. Der Monarch lebte sehr diszipliniert und rituell: Er erhob sich jeden Morgen zur selben Zeit und wurde gleich darauf von seinen Leibdienern, den „Herren des Schwarzen Schlüssels", und seinen Kammerdienern, den „Herren des Goldenen Schlüssels", gewaschen, gekämmt und angezogen. Im Anschluss hörte er drei Messen hintereinander, wobei er dabei die ganze Zeit über auf dem Steinboden der Kapelle kniete, danach hielt er Audienzen ab.

Leopold wurde noch gläubiger, als er nach dem Tod seiner beiden ersten Gemahlinnen Eleonore von Pfalz-Neuburg heiratete, eine strenge, asketische und düstere Frau. Die neue Kaiserin grübelte viel über die Sünde nach und trug zum Zweck der Selbstgeißelung Armbänder mit nach innen gerichteten Spitzen. Wenn sie in die Oper ging, hatte sie ein Psalmenbuch bei sich, in dem sie immer wieder las, um sich nicht zu sehr von den Frivolitäten der Aufführung ablenken zu lassen und schlechte Gedanken abzuwehren.

„El Hechizado"

Die Rettung der spanischen Linie

Mitte des 17. Jahrhunderts standen die Habsburger vor einem dynastischen Engpass: Kaiser Leopold I. musste einen Erben produzieren, um die spanische Linie der Familie zu retten. Seine beiden Brüder Ferdinand IV. und Erzherzog Karl Joseph waren jung und kinderlos verstorben und es gab keinen männlichen Nachkommen für den Thron. Der einzige mögliche Anwärter auf die Kaiserkrone wäre Carlos II. gewesen, der Sohn des spanischen Königs Philipp IV., der Leopolds Schwester Maria Anna von Österreich geheiratet hatte.

Doch „El Hechizado" (span. für „der Verhexte"), wie der degenerierte junge Mann auch genannt wurde, kam für ein so hohes Amt nicht infrage. Sein starker Vorbiss und die längliche Schädelform waren bei ihm fast zur Karikatur verstärkt. Aufgrund seiner Missbildung konnte der junge Mann kaum sein Essen kauen, und da er dabei so stark sabberte, stand ihm ein Leben lang ein Speicheltuchhalter zur Seite. Dennoch hat man ihn 1665 der Form halber zum König von Spanien ernannt, aufgrund unverkennbarer Infantilität und zwanghaften Verhaltens wurde er aber im Palast praktisch versteckt. Die royalen Geschäfte führte indes sein Halbbruder Don Juan José. Carlos II. verstarb bereit 39-jährig an den Folgen eines angeborenen Herzfehlers.

Leopold I. musste daher als einziger männlicher Habsburger seiner Zeit, der politisch und dynastisch noch handlungsfähig war, eine fruchtbare Verbindung mit einer spanischen Infantin eingehen. Er fackelte nicht lange und nahm Margarita Teresa von Spanien, die Schwester seines Neffen „El Hechizado", zur Frau. Als diese verstarb, heiratete er Claudia Felicitas, seine Großcousine. Aus beiden Verbindungen gingen Kinder hervor, die jedoch sehr jung verstarben. Erst seine dritte Ehe mit einer weiteren Cousine, Eleonore Magdalena von Pfalz-Neuburg, brachte den ersehnten Stammhalter hervor: Karl IV., Vater von Maria Theresia.

Die schönen Hände

Pflegetick und ein weiblicher Sohn

Die Habsburgerin Anna von Österreich, eine Urenkelin Kaiser Karls V., schenkte ihren Händen besonders viel Aufmerksamkeit – sie pflegte diese fast rund um die Uhr, so gut es die damaligen Verhältnisse zuließen. Die tägliche Prozedur zeigte Erfolg, Annas Hände waren die meistbewunderten ihrer Zeit und wurden unzählige Male gemalt und besungen. Das Lob galt dabei nicht nur der zarten weißen Haut und der schmalen Form, sondern auch den schlanken, feingliedrigen Fingern. Die Gemahlin des französischen Königs Ludwig XIII. soll in der ständigen Sorge gelebt haben, ihre Hände könnten durch ein Unglück verunstaltet werden oder Falten bekommen.

Nachdem sie den Sonnenkönig Ludwig XIV. zur Welt gebracht hatte, gebar sie zwei Jahre später noch einen Sohn: Philippe I. de Bourbon. Anna behandelte und kleidete den Jungen bis zu seiner Volljährigkeit wie ein Mädchen, weil sie sich als zweites Kind eine Tochter gewünscht hatte. Noch im Teenageralter überhäufte die Habsburgerin ihren Sohn mit Schmuck und Kleidern, während sie jedes burschikose Verhalten rigoros unterdrückte.

Ludwig XIV. hat seinen Bruder aus diesem Grund von der aktiven Politik Frankreichs und sämtlichem Einfluss auf die Regierung ferngehalten, woraufhin sich Philippe frustriert mit einem ausschweifenden Lebensstil Luft machte und seine Homosexualität offen auslebte. Das passte Mutter Anna dann aber auch wieder nicht und so verheiratete sie ihren Sohn im Jahr 1661 mit Henrietta Anne Stuart von England, die kurz darauf vergiftet wurde. Nach einer weiteren Ehe gab es homosexuelle Ausschweifungen, skandalöse Bruderschaften und frauenfeindliche Eklats, bis der brüderliche Sonnenkönig den Filou in die Schlacht schickte, wo sich dieser zu aller Verwunderung als fähiger Feldherr erwies. Nur eines war vielleicht ein wenig seltsam: Er litt unter der Phobie, seine schönen femininen Hände könnten zu Schaden kommen!

Das „Muster an Schönheit"

Verderbtheit und späte Reue

Joseph I. hatte von seinem Vater Leopold I. den Hang zur glanzvollen Hofhaltung geerbt und war zudem ein waghalsiger Draufgänger, der keinerlei Frömmigkeit zeigte. Laut zeitgenössischen Schilderungen handelte es sich bei dem rotblonden Habsburger mit den blauen Augen um „ein Muster an Schönheit". Er zähmte seine Pferde selbst und ging leidenschaftlich gern auf die Jagd – nach Wildtieren und Frauen. Seine ersten Affären hatte der fidele Joseph im Alter von 15 Jahren mit Kammerzofen und adeligen Damen, die stets älter waren als er. Zu jenem Zeitpunkt wurde über seine „Verderbtheit" noch hinweggesehen, doch mit der Thronbesteigung erwartete das Volk legitime Nachkommen von dem jungen Kaiser. Wilhelmine Amalie von Braunschweig-Lüneburg, die er 1699 geheiratet hatte, gebar ihm allerdings „nur" zwei Töchter. Joseph ging wieder auf Frauenfang und angelte sich unter anderen die ungarische Adelige Marianne Pálffy, die stets im Mittelpunkt des Hofklatsches stand. Von ihr überliefert sind auch zahlreiche Etikettenverstöße. So soll sie einmal bei Tisch mit Fleischbällchen geschossen und dabei auf die Dekolletés der mit ihr an der Tafel sitzenden Aristokratinnen gezielt haben.

Nachdem sich der Kaiser mit den Pocken angesteckt hatte und in der Hofburg erst 33-jährig im Sterben lag, wurde er allerdings reumütig. Er schwor seiner Frau, seine Mätressen aus der Residenz zu jagen, sollte er die Krankheit besiegen. Als er kurz darauf verstarb, verschwanden die Damen ganz von allein – still und heimlich nachts über eine geheime Wendeltreppe, damit die Dienerschaft nicht noch mehr tratschte. Joseph vererbte Marianne Pálffy 500.000 Gulden – seine Mutter erhielt nur 50.000 –, woraufhin es am Hof zu einem skandalösen Streit zwischen den beiden Frauen kam.

Die Anzahl von Josephs unehelichen Kindern kann schwer geschätzt werden, es dürfte sich aber um rund 20 handeln.

„Alla turca"

Ausländische Sitten und Bräuche

Im 18. Jahrhundert entwickelte sich in österreichischen Hochadels-
kreisen der Modetrend „alla turca" – man eiferte also dem Feind nach,
da die Osmanen zuvor für die Habsburgermonarchie häufig eine reale
Bedrohung dargestellt hatten. Erzählungen der Kuriere über das exotische Konstantinopel (heute Istanbul) und durch die Kunst verbreitete
Bilder eines üppigen Orients boten die Steilvorlage für Mode, Einrichtung und Dekoration im türkischen Stil. Auch am Kaiserhof kleidete
man sich in landestypische „Trachten" und tanzte auf Bällen in orientalischen Kostümen, sogar Hochzeiten wurden „alla turca" zelebriert.

Maria Theresia kleidete sich allerdings nur als Schauspielerin osma-
nisch und trat im Burgtheater bei der Aufführung der Oper *Die Entfüh-
rung aus dem Serail* in Pluderhosen und bunten Seidengewändern auf.

Zur Zeit Maria Theresias frönte man bei Hof allerdings zugleich
auch einem martialischen Brauch, der den Triumph über den Feind
symbolisierte: dem Stechen mit Degen und Lanzen nach Türkenköp-
fen aus Pappmaché oder Holz. So richtete die Kaiserin im Jänner des
Jahres 1743 anlässlich der Wiedereroberung Prags in der Winterreit-
schule der Hofburg ein Fest aus. Dabei wurde unter anderen Vergnügungen und Spielen auch ein „Damenkarussell" ausgetragen, bei dem
die Teilnehmerinnen inklusive der Kaiserin von einem Wagen aus
nachgebildete Türkenköpfe aufspießten. Nach dem Fest fuhr Maria
Theresia mit ihren Kampfgenossinnen und der „Beute" im Karussell-
Wagen rund um den Michaelerplatz, damit auch die Wiener Bevölkerung die Festgesellschaft bestaunen konnte. Das „Türkenkopfstechen"
hielt sich in Wien als beliebtes höfisches Vergnügen noch bis ins
19. Jahrhundert. Besonders angetan davon war Kronprinz Rudolf, der
Sohn von Kaiserin Elisabeth, der sich in den 1880er-Jahren im ehemaligen „Gobelinsalon" der Wiener Hofburg ein Arbeitszimmer im
Orientstil einrichten ließ.

Tartuffeln versus Trüffeln

Kulinarische Eigenheiten im Kaiserhaus

Franz I. Stephan von Lothringen und seine Gattin Maria Theresia achteten darauf, dass ihr Volk keinen Hunger leiden musste. Aus diesem Grund wurden unter ihrer Regentschaft im 18. Jahrhundert erstmalig „tartuffeln" (Kartoffeln) nicht nur als Blumen bewundert, sondern großflächig als Nahrungsmittel angebaut. Zugleich tafelten die Royals gern opulent und liebten erlesene Speisen, beispielsweise die von Maria Theresia heiß begehrten gewickelten Krebsgermnudeln.

Besonders gesündigt hat man bei offiziellen Anlässen, zu welchen das Kaiserpaar bevorzugt folgendes Menü auftragen ließ: eine Bouillon aus Sellerie, Trüffeln und Poularden und danach einen in Schmalz gebackenen Karpfen, verfeinert mit Muskat und Mandeln oder Pistazien, schwimmend im Sud aus Karpfenblut, Schwarzbier und Powidl, mit Knödeln als Beilage.

Die barocken Tafeln der Donaumonarchie bogen sich gewöhnlich vor opulenten Mahlzeiten, beeinflusst von der Esskultur im genussvoll-dekadenten Frankreich, und schon zu kleineren Anlässen wurden unzählige Gerichte serviert. Maria Theresia liebte zudem Kakao – das mit Vanille und Zimt verfeinerte Heißgetränk wurde zum Frühstück serviert. Die royale Naschkatze beschäftigte auch einen eigenen Schokolademacher an ihrem Hof, besaß zwölf Schokoladeschalen samt Becher, zwei Schokoladekannen und sechs Schokoladetassen – alle Teile natürlich aus Silber. Ihre Tafeln wurden darüber hinaus mit Zuckerkunstwerken dekoriert, die ganze Landschaften und Schlösser darstellten.

Da zu jener Zeit der Pfeffer sehr *en vogue* war und dessen Verwendung als besonders vornehm galt, rückte man diesen stets in den Mittelpunkt der Tafel, um Reichtum zu demonstrieren. Franz Stephan soll sogar alle seine Getränke leicht gepfeffert haben. Und die Uniformen der statt der Rumorwache eingeführten Militär- und Polizeiwache bestanden aus „pfeffergrauem Tuche".

Zocken und kiffen

Maria Theresias Oval Office

Kaiserin Maria Theresia funktionierte ihre Herrschersitze allesamt zu Hochburgen des dogmatischen Konservatismus und zu Kontrollzentralen der Macht um. Zugleich frönte sie dort hinter verschlossenen Türen ihren Lastern.

In Schönbrunn existierte beispielsweise ein Oval Office, das – anders als bei Bill Clinton – nicht zum „Oral Office" wurde, sondern das eine oder andere Mal zur majestätischen Kartenspielhöhle; wenn man nicht gerade Staatskonferenzen darin abhielt. Es gab zahllose Berichte von Mitarbeitern der Kaiserin, die sie jedes Mal sehr erregt erlebten, wenn sie ihre Chefin beim Skat oder Rommé störten. „Sie kam herausgelaufen, fahrig mit der einen Hand die Haube gerade rückend und sich die Haare aus dem Gesicht streichend, mit der anderen die Karten an den wogenden Busen gepresst, sprach nur kurz und abgelenkt, um gleich darauf an den Spieltisch zurückzueilen." Das berichtete sinngemäß Joseph von Sonnenfels, Professor an der Wiener Universität und Herausgeber verschiedener Wochenblätter, der häufig mit Maria Theresia zu tun hatte.

Dem Volk erlaubte die Kaiserin 1759 als Glücksspiel ausschließlich das damals populäre „Pharao". Im Spielpatent wurde allerdings festgehalten, „daß in keinem anderen Orth, als in dem Theater nächst der k. k. Burg zu tailliren gestattet" sei – damit das bankrotte Haus über eine lukrative Einnahmequelle verfügte und sie es nicht schließen musste.

Hinter den verschlossenen Türen des Oval Office rauchte die Kaiserin aber auch gern eine ihrer „türkischen Zigaretten", wobei es sich um nichts anderes als um Joints handelte. Es wird vermutete, dass die unter zunehmender Leibesfülle und den damit verbundenen Gebrechen leidende 16-fache Mutter Haschisch zur Schmerzlinderung konsumierte. Die ehrbare Landesmutter hatte es von ihrem Leibarzt verschrieben bekommen und wohl kaum im Sinn, durch das Rauchen high zu werden.

Disziplin am Kaiserhof

Maria Theresias perfekte kleine Menschen

Maria Theresia wollte ihre Söhne und Töchter zu perfekten kleinen Menschen formen und strebte dies mit gnadenloser Dominanz und fast krankhaftem Ehrgeiz an. Die royalen Sprösslinge wurden zwar elitär, aber auch streng erzogen. Die Töchter ließ die Kaiserin außerdem zu jeder Zeit überwachen und knüpfte um sie herum ein regelrechtes Spitzelnetz.

Jedes Kind musste mehrere Sprachen lernen, ausnehmend wohlerzogen sein und zugleich alle mit seinem – falls nicht natürlich vorhandenen, so künstlich herangezüchteten – Charisma in seinen Bann ziehen.

Zudem herrschte in der habsburgischen Residenz, was die körperliche Ertüchtigung betraf, ein eiserner Bootcamp-Drill. Bereits in den frühen Morgenstunden turnte ein Erzieher mit den royalen Sprösslingen. Dieselbe Disziplin galt für die Hygiene: Die kleinen Hände wurden ständig geseift und geschrubbt, die Haare täglich mehrmals gewaschen und zwei Mal pro Woche kam ein Dentalkundiger an den Hof geeilt, um die Beißerchen der lieben Kleinen zu kontrollieren. Fand der Zahnarzt ein Loch, wurde erbarmungslos gebohrt und gerissen, damit sich die „Fäule nicht ausbreiten" konnte.

Der Nachwuchs sollte auch kulturell gebildet sein und gut „spielen" können, weshalb er öfter bei Theateraufführungen mitwirkte. Natürlich hatten sich die Kinder ihrer Majestät auch zum Menuett bewegen zu können – so wie auch die Frau Mama auf höfischen Festen gern das Tanzbein schwang und „diese Art der Raserey" sehr vergnüglich fand.

Darüber hinaus legte Mama Maria Theresia viel Wert auf gepflegte Konversation und so maßregelte die Kaiserin ihre Tochter Maria Amalia einmal in einem Brief: „Eure Redeweise […] ist alles andere als gut […] Je weniger Ihr redet, um so besser wird es sein […] Denn ich kenne Eure Art zu plaudern und muß Euch in aller Freundschaft sagen, daß sie recht langweilig und mit allen möglichen Phrasen geschmückt ist […]."

Der zauberhafte Pavillon

Alchimistisches Labor, Sternwarte und Liebesbeweis

Auch Franz I. Stephan glaubte an die Magie des Saphirs, den Rudolf II. zu Beginn des 17. Jahrhunderts zum „Zaubersymbol" der Habsburger auserkoren hatte. Der spiritistisch veranlagte Gatte der bodenständigen Maria Theresia ließ den Edelstein in das Deckengemälde im barocken Pavillon, der sich seit Mitte des 18. Jahrhunderts im Tiergarten Schönbrunn befindet, hineinpinseln. Im Keller des Bauwerks hat er sich ein alchimistisches Geheimlabor eingerichtet, während ebenerdig mit Gästen gespeist oder mit Angestellten des Zoos Gespräche geführt wurden.

Da sich der Kaiser auch mit Zahlenmystik und Geomantie befasste, ließ er den Pavillon als Achteck (die Zahl 8 steht für die Unendlichkeit als Symbol ewiger Liebe zu seiner Frau) errichten. Er bildet das Zentrum der Menagerie (historischer Vorläufer des Zoos) mit 12 Logen (die Zahl 12 steht für Transformation als Symbol für gutes Gelingen der alchimistischen Prozesse), wo 12 unterirdische Wasserläufe noch tiefer liegende Wasseradern kreuzen (starkes Energiefeld mit reinigender Qualität). Franz I. Stephan war außerdem an Astrologie interessiert, weshalb sich auf dem Dach des Pavillons eine Sternwarte zur Beobachtung des Himmels befand.

Zweimal im Jahr, zum einen am 13. Mai, dem Geburtstag von Maria Theresia, zum anderen am 31. Juli, dem Eröffnungstag der Menagerie, sendet die Morgensonne um genau 5:54 Uhr (Geburtsstunde und -minute Maria Theresias) ihre Strahlen die Allee entlang über den vergoldeten Doppeladler am Dach des Schlosses und danach durch die Mittelfenster des Pavillons, der daraufhin etwa zehn Minuten lang in einem hellen gelben Licht gleißt (im Innenraum befinden sich acht Spiegel, die das üppige Gold der Innenausstattung und die Sonnenstrahlen reflektieren). Dieses Bauwerk mitten im Tiergarten Schönbrunn, heute ein Café-Restaurant, gilt somit als „zauberhaftester" Liebesbeweis in der Habsburgermonarchie.

Die Schneckentreppe

Eine Männerfreundschaft und Fluchtversuche

Während Maria Theresia Zepter und Krone fest in der Hand hielt und nebenbei die gemeinsamen Kinder großzog, widmete sich Franz I. Stephan als Pro-forma-Kaiser seinen geheimen Forschungen. Der Monarch wollte den Mysterien dieser Welt unbedingt auf die Spur zu kommen und nutzte seine Position und seine finanziellen Möglichkeiten dafür, die besten Wissenschaftler seiner Zeit an seinen Hof zu holen – so wie schon einige andere Habsburger vor ihm.

Als Gegengewicht zur geistigen Arbeit schuf sich Franz Stephan den Freiraum, als smarter Lebemann herumzustolzieren – sehr zum Ärger seiner Gattin Maria Theresia. Die hat als berufstätige und hart arbeitende Frau allerdings vermutlich ohnehin nur einen kleinen Teil der royalen Abenteuer ihres Gemahls im nächtlichen Wien mit Wein, Weib und Gesang mitbekommen.

Viele seiner Eskapaden leistete sich der royale Teilzeit-Schwerenöter mit seinem Bekannten Giacomo Casanova, wenn dieser gerade in der österreichischen Hauptstadt weilte. Die beiden Gentlemen verstanden sich großartig, während die Kaiserin dem Frauenflüsterer am liebsten die Augen ausgekratzt hätte. Franz Stephan hatte in einer der vielen verwinkelten, verrumpelten und spinnenverhängten Ecken der Hofburg eine geheime „Schneckentreppe" – aufgrund der dort auf und ab eilenden Hoflieferanten süßer Köstlichkeiten auch „Zuckerbäckerstiege" genannt – einrichten lassen. Über die gelangte der umtriebige Monarch heimlich aus seinen Gemächern, um sich anonym durch die nächtliche Stadt, die damals rund 280.000 Einwohner zählte, zum Spittelberg zu begeben. In diesem Teil Wiens trieb sich damals zwielichtiges Gesindel herum, zugleich befanden sich dort in den Hinterzimmern verrauchter Gasthäuser die meisten Spielsalons und Freudenhäuser. Die „Schneckentreppe" nutzte später übrigens auch Franz Stephans Sohn Joseph II., ebenfalls um der Aufsicht Maria Theresias zu entfliehen.

Genusssüchtige Fresssäcke

Mutter und Sohn als Diätverweigerer

Als Maria Theresia immer mehr aus dem Leim ging, griff ihr Leibarzt, der Niederländer Gerard van Swieten, zu einer drastischen Abschreckungsmaßnahme: Er ließ in einem Eimer alles zusammenrühren, was die Landesmutter während einer ihrer Fressattacken verdrückte, und zeigte ihr den ekelhaften Brei, mit dem Hinweis, dass es so in ihrem Magen aussähe. Der Schockeffekt währte jedoch nicht lang, schon bald stopfte Maria Theresia das Essen so unkontrolliert wie eh und je in sich hinein. Im höheren Alter konnte die Kaiserin fast nicht mehr gehen und ließ sich im Schloss Schönbrunn mit einem an Seilen befestigten Kanapé, das unten mit Rollen versehen war, senkrecht von einem Stockwerk ins andere ziehen und waagrecht von Raum zu Raum schieben. Wenn sie ihren verstorbenen Gatten zu besuchen wünschte, mussten die Lakaien sie in die Kapuzinergruft abseilen. Darüber hinaus besaß sie ein umschnallbares Schreibpult, das sie stets bei sich trug, um nicht immer aufstehen zu müssen, wenn sie etwas notieren wollte.

Auch ihr Sohn Joseph II. galt als „genusssüchtiger Fresssack", auch wenn er sich selbst als Gourmet bezeichnete. Der Habsburger pflegte sich bereits am Morgen mit eisgekühltem Bier und fettem Bratenfleisch zu stärken.

Es existiert eine Auflistung seiner Verpflegung auf einer Russlandreise im Jahr 1787. Im Tross des Kaisers befanden sich folgende Lebensmittel: 35 Kilo Rindfleisch, ein ganzes Kalb, ein ganzes Lamm, 24 Hühner, drei Gänse, zwei Suppenhühner und zwei Truthähne. Als Beilage wurden 100 Kohlköpfe, Zeller, Zwiebel und Sauerkraut in den Versorgungskutschen mittransportiert. Nur das Bier besorgte man in den Landgasthäusern vor Ort. Die ungesunde Ernährung setzte dem Kaiser ordentlich zu, er litt an Verdauungsproblemen, Gicht und sich in schwindelerregenden Höhen befindlichen Zuckerwerten, weshalb er bereits im Alter von 50 Jahren verstarb.

Die Keuschheitskommission

Im Kampf gegen Unzucht und Unmoral

Streng katholisch und mit hohen moralischen Ansprüchen ausgestattet, setzte sich Maria Theresia im Wien des 18. Jahrhunderts ein ehrgeiziges Ziel: der Prostitution Einhalt zu gebieten. Obwohl es bereits viel früher von Habsburgern Maßnahmen zur Eindämmung der käuflichen Frivolitäten gegeben hatte, blühte der Sexhandel nach wie vor. Auf dem Spittelberg ging es nachts in den Spelunken heiß her, ebenso in den Droschken bei einer „Porzellanfuhre" (so genannt, wenn sich im Gefährt eine Prostituierte mit ihrem Freier vergnügte und der Kutscher so vorsichtig fahren sollte, als würde er zerbrechliches Geschirr transportieren).

1752 gründete die Kaiserin kurzerhand eine „Keuschheitskommission", die als bestehender Zweig der Gerichtsbarkeit außerehelichen Geschlechtsverkehr, Prostitution, Homosexualität sowie auch jede andere Art anstößigen Verhaltens ahndete und bestrafte. Hunderte Spitzel sollten das Treiben der Männer im sündigen Wien sorgfältig überwachen und genauestens protokollieren. Aber auch Frauen wurden beobachtet: Zeigten sich diese beispielsweise allzu lebenslustig, ließ man sie für ein paar Wochen in ein Kloster einweisen. Dirnen, die ihre Freier bestahlen oder mit einer Geschlechtskrankheit ansteckten, wurden kahlgeschoren und mit geteertem Schädel öffentlich ausgepeitscht. Wiederholt „incorrigible Weibspersonen" hat man ans Kirchentor gefesselt oder in Zuchthäuser gesteckt, freiwillige Aussteigerinnen kamen ins Büßerinnenhaus. Zu weiteren unsittlichen Delikten zählten unter anderen bei den Frauen Tratschen in der Kirche und Arbeiten als Serviererin in einem Lokal; Männer benahmen sich frivol, gingen sie beispielsweise ohne Hemd außer Haus. Im Wiener Prater hat man damals sogar den Buschbestand ausgedünnt, um leichter ungebührliches Verhalten in der Öffentlichkeit feststellen oder ledige Liebespaare beim sündigen Liebesspiel ertappen zu können.

Käufliche Liebe

Die Habsburger und ihre „Dirnen"

Nicht nur Maria Theresias royaler Gatten Franz I. Stephan war häufig in den Bordellen am Spittelberg anzutreffen, auch Sohnemann Joseph II. fand nach dem Tod seiner Ehefrau sexuelle Befriedigung bei Frauen aus der untersten Volksschicht und bei Prostituierten. Besonders angetan hatte es ihm angeblich ein gewisses „leichtes Mädchen" namens Sonnenfels-Waberl (wahrscheinlich Spitzname für Barbara Sonnenfels), die er recht häufig aufgesucht haben soll. Es war allerdings ein offenes Geheimnis, dass Seine Majestät nichts oder nur wenig für die käufliche Liebe bezahlen wollte.

Vom postkoitalen Geiz des Herrschers zeugt eine Inschrift an der Hauseinfahrt Nr. 13 in der Gutenberggasse (heute Restaurant „Witwe Bolte") im ehemaligen Zentrum des Wiener Rotlichtmilieus: *„Durch dieses Thor im Bogen kam Kaiser Joseph II. geflogen – 1778."* Geworfen hat den Kaiser der Wirt des betreffenden Lokals, der vermutlich auch als Zuhälter fungierte.

Etliche Habsburger ließen sich in jungen Jahren von Dirnen in die Geheimnisse der Liebe einweihen, damit sie in ihrer Hochzeitsnacht bereits über ein gewisses Maß an Erfahrung verfügten.

Erzherzog Leopold Ferdinand von Österreich-Toskana, ein Urenkel Kaiser Leopolds II., heiratete sogar eine Dame aus dem Rotlichtmilieu. Nachdem er zuerst eine Bäckerstochter geschwängert hatte, nahm er 1903 die 26-jährige Prostituierte Wilhelmine Adamovic zur Frau. Er musste aus diesem Grund auf Titel und Erbe verzichten, nannte sich fortan Leopold Wölfling und schloss sich mit seiner Gattin einer Aussteigerkolonie an. Nach der Scheidung heiratete er die Dirne Maria Ritter und schlug sich in der Folge mit Gelegenheitsjobs durch. In Wien Kaisermühlen arbeitete der ehemalige Erzherzog als Fremdenführer und verkaufte Wurst an Donaumatrosen und Kutscher. In Berlin wurde er später die Sensation einer Kabaretttruppe namens „Rakete".

Haustierhaltung am Wiener Hof

Die Schoßhündchen Ihrer Majestäten

Während sich die schlanke, sehnige Sisi etwa ein Jahrhundert später mit großen, muskelbepackten Vierbeinern umgab, zog die pummelige Maria Theresia kleine, kuschelige Hündchen vor. Ihr Lieblingsschloss- und Schoßhündchen hat es sogar ins Naturhistorische Museum geschafft – der Phalène, eine Art Zwergspaniel, ist dort ausgestopft zu bewundern. Mit Hunden dieser aus Spanien stammenden Rasse umgab sich der europäische Hochadel bereits im 15. Jahrhundert, wie auf diversen Gemälden ersichtlich ist.

Maria Theresias Sohn Joseph II. war ewig eifersüchtig auf die kleinen Tiere, die seine Mutter verzärtelte und verwöhnte. Die kleinen Kläffer durften überall frei herumlaufen, Lebensmittel aus der Hofküche stehlen und sogar in das Bett des hochadeligen Paars springen – auch wenn Franz I. Stephan darüber wenig erfreut gewesen soll. Sie wurden nie gescholten, im Gegensatz zu den Kindern, die Maria Theresia zwar mit viel Liebe, aber auch mit großer Strenge erzog. Es verwundert daher kaum, dass Joseph II. als Kaiser später die Leinenpflicht für Hunde einführen ließ. Sein kindliches Trauma führte sogar so weit, dass er die Verordnung dazu auf der Straße inkognito kontrollierte und Verstöße gegen die Verpflichtung streng bestrafte. Im selben Gesetz, das den Spaziergang mit Vierbeinern regelte, hieß es: „Italiener mit Affen, Hunden und Tanzbären sind nicht zu dulden."

Josephs Schwester Marie Antoinette geriet hingegen ganz nach ihrer Mutter: Sie verwöhnte ihren Hund „Mops" am französischen Hof täglich mit einem gebratenen Huhn, während die Bevölkerung Hunger litt.

Maria Theresia finanzierte aufgrund ihrer großen Liebe zu Hunden den Rüdenhof in Wien, wo sich Mitte des 18. Jahrhunderts bis zu 100 kaiserliche Jagdhunde aufhielten. Die Vierbeiner hatten einen eigenen Bäcker, der für sie Brot herstellte. Fleisch erhielten die Tiere damals eher selten.

Vampire im Habsburgerreich

Maria Theresias Jagd auf Untote

Die Furcht der Menschen vor dem Teufel und anderen düsteren Kreaturen war dank der um 1700 einsetzenden Aufklärung eigentlich vorüber. Doch zu Beginn des 18. Jahrhunderts flackerte nach einigen mysteriösen Vorkommnissen in der tiefsten Provinz des Habsburgerreichs der Glaube an die Existenz des Bösen wieder auf. Vor allen aus den österreichischen Kronländern Mähren, Ungarn und dem Balkan hörte man immer wieder Gerüchte über Tote, die nachts aus den Gräbern stiegen und den Menschen Blut aussaugten.

Die Hysterie griff um sich und schon bald wurden als Gegenmaßnahmen die absonderlichsten Leichenschändungen begangen: Die Köpfe der „Vampire" wurden abgeschlagen und zwischen ihre Beine gelegt, die Hände mit Steinen fixiert und die Herzen mit Holzpflöcken durchbohrt.

Als Kaiserin Maria Theresia von den Vorfällen erfuhr, beauftragte sie ihren Leibarzt Gerard van Swieten, die eigenartigen Todesfälle zu untersuchen. Die österreichische Bevölkerung befand sich zu jenem Zeitpunkt bereits in heller Aufregung, befürchtete man doch von Mähren kommend eine Invasion der Untoten, die sich zu einer Parasiten-Plage auswachsen könnte.

So reiste der Mediziner im Jahr 1755 vom Wiener Kaiserhof nach Tschechien, um die Lage vor Ort in Augenschein zu nehmen. Dem gebildeten Mann wurde rasch klar, dass es sich bei den verdächtigen Phänomenen keineswegs um Untote handelte, sondern bei einigen Verstorbenen die Verwesung aufgrund von Sauerstoffmangel und Gärungsprozessen langsamer voranschritt. Die dabei entstehenden chemischen Reaktionen müssen ziemlich gruselig gewirkt haben. Nachdem der umsichtige Arzt Meldung an seine Majestät erstattet hatte, warnte Maria Theresia vor Panikmache und verbot umgehend sämtliche Anti-Vampir-Maßnahmen auf den Friedhöfen im In- und Ausland.

Gerard van Swieten diente Jahrhunderte später Bram Stoker als Vorbild für den Vampirjäger Van Helsing in *Dracula*.

Gerard van Swieten, um 1750–1760, Wien Museum

Habsburgische Pentagramme

Die Kaiserfaltung als Ursprung der Symbolik

Die Kaiserfaltung einer Serviette stellte eine Technik dar, die – ausgehend von der italienischen Renaissance – im barocken Wien einen neuen Höhepunkt erlebte. Bei dieser besonderen Art des Gedecks befindet sich in jeder Wölbung der Serviette ein kleines Gebäckstück; der für die Mini-Backwaren auch verwendete Name Jour-Gebäck („jour" franz. für „Tag") deutete auf ihre Verwendung zu ganz besonderen Anlässen hin. Noch heute ist sie bei Staatsbesuchen gekrönter Häupter und Präsidenten in Wien das Highlight des Tafelgedecks an der Hofburg.

Inspiriert von der Kaiserfaltung kreierte eines schönen Tages der Koch von Maria Theresia und Franz I. Stephan die Kaisersemmel: ein besonders krustenreiches, resches, sternförmiges Weißgebäck, das mit seinen Einschnitten einen fünfzackigen Stern bildete. Der Kaiser erkannte darin sofort ein essbares Pentagramm, das bekannteste und am weitesten verbreitete Schutzzeichen vor negativen Energien, sofern die Spitze des Fünfsterns nach oben zeigt. Die Kaisersemmel durfte ab diesem Zeitpunkt bei keinem Frühstück der Royals mehr fehlen. Bald darauf ließ Franz I. Stephan das Wegenetz des Schönbrunner Schlossparks in Form eines Pentagramms anlegen.

Viele Jahrzehnte später schwor auch Kaiser Franz Joseph I. auf das magische Symbol und veranlasste die Neugestaltung der Wiener Innenstadt in Form eines Pentagramms: Die Spitze ist das Denkmal von Maria Theresia, und wenn man an der Peterskirche, dem Mittelpunkt des 1. Bezirks, einen Zirkel ansetzt und einen Kreis zieht, ergeben sich die anderen Zacken: Rossauer-Kaserne, ehemaliges Kriegsministerium, Universität und Stadtpark. Mit dieser Aktion ging Franz Joseph I. als Vorreiter des Landschafts-Feng-Shui in die Geschichte ein. Seine Ehefrau Sisi erhielt von ihm das Schutzzeichen in Form von 27 glitzernden zehnzackigen Sternen – je zwei Pentagramme, die übereinanderliegen – als Schmuckstücke für ihr Haar.

Royale Wirtsleute

Die Maskeraden der Maria Theresia

In der Faschingszeit des 18. Jahrhunderts haben sich die Habsburger auf den Maskenbällen – noch immer von der Propaganda des 16. Jahrhunderts beeinflusst – häufig als christliche Husaren, Minnesänger und Burgfräulein verkleidet. Neben der traditionellen Ritterromantik existierte aber eine orientalische Heldenepik, weshalb die Wiener Aristokratie zu jener Zeit auch als Türken und Mohren kostümiert auftrat.

Maria Theresia und Franz I. Stephan gingen während des barocken Karnevals gern ins „Bal-Haus" oder in die „Mehlgrube" (ehemaliges Mehldepot am Neuen Markt). Sie nahmen dort neben zahlreichen anderen Gästen an der „Maschere" (= Maskerade) teil, wo so exzessiv getanzt und gefeiert wurde, dass während der Ballsaison häufig Rasttage eingeschoben werden mussten.

Diese exklusiven Feste, auf denen sich vor allem die Damen mit wertvollem Schmuck und prunkvoller Kleidung zu übertrumpfen suchten, wurden allerdings nur von der „hohen Noblesse" besucht. Dabei war eine bestimmte Ahnenfolge verpflichtend: Jeder Gast musste mindestens 16 adelige Vorfahren nachweisen können. Auf diese Weise distanzierte sich die Aristokratie vom Bürgertum.

Die Elite durfte sich auch maskieren, während dem gemeinen Volk das Verbergen des Gesichts verboten war. Es handelte sich dabei um eine Maßnahme zur Bekämpfung von Ausschreitungen, da die Anonymität zuvor zu so manchen Gewalttaten geführt hatte. Zudem sollte damit die unnütze Geldverschwendung im Habsburgerreich eingedämmt werden. Lediglich im Fasching 1743 gewährte Kaiserin Maria Theresia allen Wienern Maskenfreiheit. Das Kaiserpaar liebte auch „Pauernhochzeiten", wofür es die Hofburg in den Gasthof „Zum Schwarzen Adler" verwandelte und die lustigen Wirtsleute spielte. Die Gäste stellten Vertreter der unteren Volksschichten wie Köche oder Dienstboten dar oder kamen als Römer, Perser, Türken und „Sklaven".

Der Kaiser und die Lesbe

Wenn sich die Ehefrau in die Schwägerin verliebt

Joseph II. heiratete 1760 die verführerische Isabella von Bourbon-Parma und vergötterte seine geistreiche und aparte „Tia-Tia" geradezu. Doch hatten die beiden in den Wochen nach der Hochzeit noch fröhlich Forellen in der Traisen gefangen und romantische Musikabende im Duett von Geige und Spinett verbracht, fielen bald dunkle Schatten auf das junge Glück. Die heißblütige Spanierin warf nämlich ein Auge auf Marie Christine, Josephs 18-jährige Schwester. Der Habsburger bemerkte bald, dass sich seine Gattin emotional und körperlich von ihm distanzierte, wagte jedoch nicht, nach dem Grund zu fragen. Schon bald äußerte Isabella ihre verliebten und erotischen Anwandlungen der Schwägerin gegenüber in zahlreichen schwärmerischen Briefen, welche die verträumte Marie Christine blumig beantwortete. Die jungen Frauen sahen sich fast jeden Tag, und wenn nicht, hinterließen sie sich kurze Botschaften wie etwa: „Ich sterbe aus Lieb zu dir, mein Schatz." Schriftliche Verabschiedungen im Briefwechsel zwischen den Aristo-Damen erfolgten beispielsweise mit den Worten „Auf bald, in Anbetung, ich küsse Dein erzengliches Arscherl!"

Der Ehemann und Bruder wurde von vielen Unternehmungen ausgeschlossen, was nicht immer einfach und zeitweise recht verwirrend für ihn gewesen sein dürfte, doch aus Liebe zu seiner Gemahlin tolerierte er die Schwärmerei für seine Schwester und versuchte weiterhin hartnäckig, ebenfalls ein wenig Wärme und Zärtlichkeit von Isabella zu ergattern – auch wenn seine Bemühungen eher vergebens waren, wie im Volk getuschelt wurde. Als die junge Spanierin bereits nach drei Jahren Ehe an den Folgen einer Pockeninfektion verstarb, musste man den schluchzenden Joseph von der Toten wegzerren. Er hat seiner Mutter zuliebe ein weiteres Mal geheiratet, aber nie wieder eine Frau geliebt und zukünftig seine körperlichen Bedürfnisse bei Prostituierten befriedigt.

„Die Schiache"

Eine verschmähte und eine untergejubelte Braut

Eigentlich vertrat Joseph II. die Auffassung, „die Gesellschaft von Frauen ist für einen vernünftigen Mann auf die Dauer unerträglich". Dennoch musste er seine Eheabstinenz beenden, als ihn Maria Theresia erneut unter die Haube und zur Ehe mit Maria Amalia von Österreich zwang. Weitere Nachkommen gab es jedoch nicht mehr – vermutlich deshalb, weil Joseph sich seiner unattraktiven Ehefrau sexuell verweigerte. Er ignorierte sie komplett, nannte sie die „Schiache" und ließ sogar den gemeinsamen Balkon auf Schloss Schönbrunn abteilen, um seine Frau nicht sehen zu müssen.

Seinen Bruder Leopold II., der ihm auf dem Thron folgte und mit seiner Gattin Maria Ludovica dank ihres gemeinsamen Kinderreichtums das habsburgische Nachwuchsproblem löste, nannte Joseph II. einen „trefflichen Bevölkerer". In einem Brief an ihn schrieb er einmal: „Fahre fort, lieber Bruder, gesunde Kinder in die Welt zu setzen, die Dir ähnlich sind, Du kannst mich Dir nicht inniger verpflichten, sie werden immer die meinigen bei jeder Gelegenheit sein, dem Staat ist gedient und ich bin der Verpflichtung enthoben, eine Frau zu haben, was ein Zustand ist, den ich verabscheue."

Es handelte sich bei seiner Schwägerin übrigens um jene Dame, die Joseph viele Jahre zuvor aufgrund ihres wenig attraktiven Äußeren verschmäht und beleidigt hatte. Maria Theresia wollte die „gute Partie" damals aber nicht für immer verlieren und verheiratete Maria Ludovica 1765 daher einfach mit einem anderen ihrer Söhne. Die Neapolitanerin zeigte neben ihren ausgeprägten Muttergefühlen nicht viele Regungen und nahm selbst die Affären ihres Gatten relativ entspannt zur Kenntnis – mit einer seiner Langzeitmätressen, der Ballerina Livia Raimondi, soll sie sogar eine tiefe Freundschaft verbunden haben. Ebenso mochte sie Leopolds „große Liebe" Madeleine Bianchi, die sogar ein eigenes Appartement in der Hofburg besaß.

Die Superwaffe

Joseph II. und seine Starallüren

Trotz aller guten Erziehung seitens der gestrengen Frau Mama war Joseph II. als Kind ein kleiner Lausejunge, der es liebte, anderen Leuten Streiche zu spielen. Besonders gefürchtet wurde er von den Hofangestellten, die er zeitweise ordentlich quälte. Beispielsweise schnitt er mit großer Freude den an ihren Schreibtischen eingenickten Sekretären die gepuderten Zöpfe ab. Als Teenager sagte der Kaisersohn einmal, von seinem Lehrer, einem alten Offizier, nichts gelernt zu haben, außer zu sagen: „Leck mich am Arsch." Zugleich wurde der kleine Thronfolger aber auch von allen verhätschelt, stellte er für die Kaiserin doch eine Art Superwaffe gegen Kritiker und Feinde dar, da der Knabe die Fortsetzung der habsburgischen Linie im Land sicherte. Schon kurz nach seiner Geburt hatte der kleine Prinz in Hosen in den Nationalfarben Ungarns posieren müssen, um die reichen Magnaten dieses Landes zu beeindrucken und deren Gunst zu erwerben.

Der junge Mann entwickelte aus diesem Grund regelrechte Starallüren und wurde zu einem jähzornigen Menschen. Später entwickelte sich Maria Theresia ihrem Sohn gegenüber zu einem regelrechten Kontrollfreak. Auf seinen Reisen als Graf von Falkenstein befand er sich nicht selten auf der Flucht vor der „Ansammlung von alten Damen" am Hof, vor allem aber vor seiner Mutter, die das majestätische Zepter inoffiziell bis zu ihrem Tod nicht aus der Hand gab, obwohl sie offiziell gemeinsam mit ihrem Sohn gleichberechtigt regierte. Doch sogar in der Ferne wurde Joseph von Maria Theresia überwacht, die ihm in Frankreich ein Treffen mit dem „staatsfeindlichen Aufklärer" Voltaire verbot, für dessen Theorien sich der junge Habsburger interessierte.

Des Kaisers Marotten

Absurde Gesetze und ein schräger Humor

Joseph II. reformierte im Rahmen eines aufklärerischen Radikalismus mit großem Eifer, schuf allerdings teilweise recht absurde Gesetze. So ließ er etwa „das muthwillige Schreien und Händeklatschen auf der Gasse" verbieten, ebenso den Genuss von Pfefferkuchen und das Tragen von Holzschuhen. Er bestimmte zudem, wie oft die Leibwäsche zu wechseln sei, und reglementierte die Anzahl der Kerzen in den Kirchen sowie den Petersilienverbrauch auf Schloss Schönbrunn.

Er ließ außerdem Clownerien und „burleskenhafte Lumpenspiele" verbieten bzw. verbannte sie in die Wiener Vorstädte. Das hatte allerdings einen besonderen Grund: Joseph II. stand den „grässlich bemalten Spaßmachern" ablehnend gegenüber und soll sich vor dem Hanswurst der Stegreifkomödie geradezu gefürchtet haben.

Als Zugeständnis an den Spaß, den seine Untertanen haben wollen, ordnete er im Jahr 1776 per Dekret die Verbannung allzu trauriger Stücke vom Spielplan der städtischen Theaterbühnen an. Bei den Klassikern befahl er zudem den „Wiener Schluss" (Happy End). Hierfür mussten auch Tragödien umgeschrieben werden, sodass beispielsweise das Schauspiel *Romeo und Julia* à la Joseph II. fröhlich endete.

Zudem war der Habsburger dafür bekannt, seine Liebe zur Natürlichkeit jederzeit kundzutun. So bat er beispielsweise Prinzessin Elisabeth, die Ehefrau des späteren Kaisers Franz II./I., sich niemals zu schminken und auch ihre Hofdamen dazu zu bewegen, dies zu unterlassen. Farbe im hübschen Gesicht einer Frau sei ihm ein Gräuel.

Es wird aber auch vom zeitweise schrägen Humor Josephs II. berichtet. So soll ihn einmal der Wirt einer Gastwirtschaft, in welcher er anonym als ein Gesandter des Regenten abgestiegen war, beim Rasieren beobachtet und anschließend gefragt haben, welches Amt er beim Kaiser bekleide. „Ich rasiere ihn zuweilen", gab der volksnahe Joseph daraufhin zur Antwort.

Tollhaus-Faszination

Wie Wien zu einem „Narrenturm" kam

Joseph II. war fasziniert von „Tollhäusern", in welchen „Unsinnige, Wahn- und Aberwitzige" behandelt wurden. Und so beschloss er, in Wien einen „Narrenturm" zu errichten und dabei auf die heilende Kraft der Zahlenmagie zu setzen.

Der Kaiser ließ den schmucklosen fünfstöckigen Bau im Stil des Barock-Klassizismus auf dem Gelände des damaligen Allgemeinen Krankenhauses Wien errichten. Dort wurden ab 1784 „Tollende, Rasende und Unreine" behandelt, die man zuvor aus umliegenden Einrichtungen geholt hatte. Sich besonders „arg gebärdende" oder „extrem unreinliche Personen" waren in lederne Transportsäcke eingenäht und auf Ochsenkarren zum Narrenturm transportiert worden. Der Rundbau mit den 139 an runden Korridoren aufgefädelten Zellen, im Volksmund wegen seiner Form auch „Gugelhupf" genannt, wurde nach einem mystischen mathematischen System errichtet. Die Gestaltung, auf die Joseph II. maßgeblichen Einfluss nahm, erfolgte nach der Zahlenmystik aus Alchimie, Kabbala und Freimaurersymbolik. Die magisch-spirituellen wie auch astronomisch-chronologische Prinzipien sollten für die notwendige positive Energie sorgen, damit eine geheimnisvolle Verbindung zwischen Mikro- und Makrokosmos schaffen und so heilende Transmutationsprozesse in Gang setzen. Behandelt wurden die Patienten in jener Zeit mit Diäten, Brechmitteln, Aderlässen und Klistieren.

Joseph II. war generell so überzeugt von Tollhäusern und deren Erfolg, dass er sie munter weiterempfahl, wie folgende Anekdote beweist: Als Papst Pius VI. auf Besuch in Wien weilte, klagte er bei dieser Gelegenheit dem Kaiser, dass sich in seinem Staat so viele Leute durch „Hazardspiele" zugrunde richteten und fremde Müßiggänger sich in die Städte schlichen, die vom Elend der anderen profitierten. „Schicken Eure Heiligkeit die Ersteren in die Tollhäuser und die Letzteren auf die Galeeren!", riet Joseph.

Ein Kaiser inkognito

Die Reisen des Grafen von Falkenstein

Der sparsame Joseph II. pflegte sich vor einer Unternehmung oder Investition gut zu informieren, besonders wenn es um „soziale Dienstleistungen" ging. Er reiste daher inkognito als Graf von Falkenstein quer durch ganz Europa und sah sich die kolportierten Probleme direkt vor Ort an. Der Habsburger hatte erkannt, dass es zur Staatsideologie gehören musste, für die Untertanen persönlich da zu sein – anstatt mit Speichelleckern und Schönrednern, umgeben von Prunk und Pomp, abgehoben im Elfenbeinturm zu sitzen. Als bekennender Puritaner trug er häufig abgewetzte und sogar geflickte Kleidung, sprach zudem fast nur Deutsch, wie es die „schlichten Leute" taten – nicht Französisch, wie es damals in Adelskreisen *en vogue* war. Er legte außerdem Wert darauf, stets hautnah zu fühlen, was andere durchmachten. So ließ er etwa verbieten, die Straßen neu zu pflastern, bevor er nicht mit einer Depesche angereist war. Er wollte durch dieselben Schlaglöcher rumpeln wie seine Untertanen. Manchmal blieben allerdings Stadttore vor ihm verschlossen, weil ihn die Wachen für einen Gauner hielten und nicht einließen. Bei den Reisen immer mit dabei war sein treuer Feldmarschall und Freund Graf Franz Moritz von Lacy.

Schon bald wurde der Thronerbe, der keine Lust auf das diktatorische Leben in der Hofburg unter der Fuchtel seiner Mutter Maria Theresia hatte, als volksnaher Held gefeiert.

Nach Jahren des Herumfahrens kannte im Volk dann aber fast jeder seine zweite Identität, weswegen er vorab Botschafter ausschickte, die verkündeten, dass man den Grafen von Falkenstein nicht umjubeln, sondern völlig „normal behandeln und nicht feierlich füttern" sollte. Seine Nächte verbrachte der Monarch am liebsten in Wirtshäusern oder auf Bauernhöfen, benötigte dazu neben der Verpflegung lediglich „40 Schab Stroh". Insgesamt zog es Joseph II. von 7102 Regierungstagen an 2260 in die weite Welt hinaus.

Camping-Launen

Der Kaiser als Möchtegern-Pfadfinder

Trotz der demonstrierten Schlichtheit Josephs II. auf seinen Dienstausflügen, stellten die Vorbereitungen dafür einen erheblichen Organisationsaufwand dar. Hatte der Kaiser seine Route zusammengestellt, wurden sämtliche Unterlagen dazu an den Hofkriegsrat übermittelt. Diese beinhalteten stets auch den Grund der Reise, etwa die In-Augenscheinnahme einer problematischen Situation, unter der das Volk litt. Anschließend wurden die regionalen Kommandanten verständigt, die jeweils einen Offizier losschickten, um sich ein Bild von den Unterkünften, Straßensituationen oder möglichen Gefahren auf der Strecke zu machen. Wochen später langte ein Bericht in Wien ein, der sämtliche Informationen und darüber hinaus Hinweise auf Sehenswürdigkeiten oder örtliche Besonderheiten enthielt. Joseph II. ließ sich allerdings ohnehin nur selten abhalten, seinen Dickkopf durchzusetzen, auch wenn die Bewertung der von ihm geplanten Route negativ ausfiel. Einmal meinte er, gewarnt vor schlechten Unterkünften auf dem Weg, die seiner nicht würdig wären: „Ich habe ein Zelt mit, im Notfall. Das soll, wo es gar vonnöten wäre, zusammengebaut werden."

Setzte sich der Kaiser erst einmal in Bewegung, hoch zu Ross oder im zweispännigen Reisewagen, folgten ihm vier bis acht Kutschen mit Garderobe, Kochutensilien und Reiseproviant.

Weniger bescheiden fielen die Anforderungen an die auf der Route liegenden Unterkünfte aus, was die kulinarische Verpflegung der Gäste betraf. So hatten stets etwa 100 Kilo Geflügel, 50 Kilo Kalb- und Lammfleisch sowie 80 Kilo Grünzeug und mindestens 150 Liter Bier bereitzustehen. Da der Kaiser auf Reisen allerdings recht spartanisch speiste und meist Wasser trank, wenn er abends in der Gaststube saß und in sein Reisetagebuch schrieb, muss sein Gefolge wirklich sehr verfressen und vor dem Zubettgehen außerdem relativ beschwipst gewesen sein.

Der heilige Pflug

Wenn ein Kaiser selbst Hand anlegt

Da staunte der Knecht Jan Kartoš nicht schlecht! Der 44-Jährige, wohnhaft in Slavíkovice nahe der Stadt Brünn, befand sich an einem heißen Augusttag im Jahr 1769 mit anderen Arbeitern am Feld beim Ackern. Gegen fünf Uhr abends näherte sich eine Droschke, die plötzlich mit einem lauten Krachen am Straßenrand zum Stillstand kam. Kartoš erkannte, dass bei dem Gefährt eine Achse gebrochen war, wurde jedoch vom Kutscher angewiesen, sich nicht zu nähern. Danach sprang der Mann vom Bock und betrachtete fluchend den Schaden, während zwei Männer aus dem Fuhrwerk kletterten, die „das Landvolk" auf Distanz hielten. Doch dann öffnete sich die Tür erneut und Kaiser Joseph II. stieg aus der Droschke. Er fragte den Kutscher, wie lang die Reparatur an der kaputten Achse dauern würde, und schritt anschließend auf die Feldarbeiter zu. Unter deren verwunderten Blicken griff Seine Majestät nach dem Pflug, den Jan Kartoš in seinen Händen hielt, und begann im Schweiße seines Angesichts das Feld umzuackern.

Die Bewohner des kleinen Dorfes konnten die Geschichte, die ihnen der Knecht noch am selben Tag abends in der Kneipe erzählte, kaum glauben. Dennoch verehrten sie den Pflug, den der Kaiser gelenkt hatte, ab jenem Zeitpunkt wie ein Heiligtum. Später wurde das Ereignis auch noch touristisch vermarktet: Man hat auf dem betreffenden Feld fünf Denkmäler errichtet, die an die seltsame Begebenheit erinnern sollten, und zudem zahlreiche Medaillen, Gemälde und Postkarten – außerdem eine eigene Banknote – mit dem pflügenden Joseph II. angefertigt. Das landwirtschaftliche Gerät kam ins Moravské Museum und landete 1837 sogar auf der Weltausstellung in Wien – versichert für 50.000 Gulden! Heute steht des Kaisers heiliger Pflug im Mährischen Museum in Brünn.

Der volksnahe Joseph II. mähte außerdem in Tschechien im September 1779 Hafer und pflügte im September 1779 einen Garten.

Fatale Entwicklung

Vom rastlosen und manischen zum grantigen Kaiser

Im Laufe seines Lebens durchlief Joseph II. drei Stationen und entwickelte sich vom rastlosen Reisenden über einen manischen Reformer zum grantigen Nörgler. Wirklich zufrieden war er aber mit keiner Rolle, die er als Kaiser im Habsburgerreich spielte.

Als Graf von Falkenstein reiste er durchs ganze Land und galt als volksnaher und menschenfreundlicher Herrscher, doch er selbst sah sich als Scharlatan und gestand seinem Bruder Leopold: „Ich bin mit Vorbedacht und aus Bescheidenheit einfach, und ich übertreibe das mit Absicht. Ich habe hier einen Enthusiasmus erregt, der mir fast schon peinlich ist." Seine Fahrten durchs Land hatten ihm zudem vor Augen geführt, wie wenig er in seinem Reich tatsächlich ausrichten konnte.

Als seine Mutter Maria Theresia 1780 verstarb und Joseph endlich allein regieren durfte, begann er fast manisch in rasendem Tempo den Staat zu reformieren. Er erkannte jedoch bald, dass er die jahrzehntelang versteinerten Strukturen nicht so rasch aufbrechen konnte, und entwickelte sich darüber rasch zum überarbeiteten Choleriker. „Wenn er zornig wird, krümmt er die Oberlippe nach aufwärts, sodass man die Zähne sieht, der Blick wird starr und feurig, und nicht nur seine Augen verfinstern sich, er stampft auch mit dem Fuß", beschrieb ihn ein besorgter Zeitgenosse.

Zudem hatten ihm seine Reisen in zugigen Vehikeln, von denen er auch bei Schnee und Eiseskälte nicht abzuhalten gewesen war, und die 18-Stunden-Arbeitstage mit Start um fünf Uhr früh Kräfte gekostet. Blieb er zu Hause in der Hofburg, trank er zu viel und aß sehr ungesund, was seine Gesundheit zusätzlich stark beeinträchtigte.

Mit Ende 40 bereits ein Greis, starb der Volkskaiser 1790 an Tuberkulose und in dem Wissen, mit seiner Mission gescheitert zu sein. „Ich habe immer nur gewollt", diktierte er an seinem Sterbebett bereits im Todeskampf.

Habsburgische Luxussucht

Marie Antoinettes Disneyworld

Während Joseph II. zu den bescheidenen Mitgliedern der Familie Habsburg zählte, schwelgte ein anderer Sprössling von Maria Theresia im Luxus: Maria Antonia, die sich als Opfer der rücksichtslosen Heiratspolitik der Habsburger mit ausufernder Verschwendungssucht an ihrer sparsamen Mutter rächte. Es war ihr nämlich befohlen worden, den Thronfolger Ludwig August von Frankreich, den späteren König Ludwig XVI., zu heiraten. So packte sie 1770 ihre Koffer und übersiedelte unwillig, aber doch als Marie Antoinette nach Versailles.

Schon bald überlegte die Habsburgerin, was sie tun konnte, um sich in der neuen und fremden Heimat etwas wohler zu fühlen. Zudem hatte sie das Bedürfnis, sich dem Trubel in der riesigen Palastanlage hin und wieder zu entziehen und abseits ihrer Verpflichtungen und dem Geschnatter der Hofdamen zur Ruhe zu kommen. Und so ließ Marie Antoinette im Schlosspark ihr „Hameau de la Reine" errichten, was übersetzt „Weiler der Königin" bedeutet.

In dem Dörfchen inmitten der ländlich gestalteten Idylle einer bunten Gartenanlage im englischen Stil stand ein Haus mit luxuriösem Boudoir, Billardzimmer und Ballhaus. Auf dem Areal befanden sich außerdem ein Bauernhof, eine Fischerei, eine Mühle, ein Taubenhaus und ein Aussichtsturm. 1785 siedelte Marie Antoinette in ihrem beschaulichen Fake-Dorf eine französische Familie an, welche die bäuerliche Wirtschaft in Betrieb halten und in der Funktion von Statisten das stimmungsvolle Bild abrunden sollte. Mit diesem kostspieligen hauseigenen „Disneyworld" im Schlosspark machte sich die Königin beim Volk allerdings sehr unbeliebt – es handelte sich bei dieser luxuriösen Anschaffung somit wohl um eine der ersten Sprossen der Leiter zum Schafott, auf dem Marie Antoinette nicht einmal zehn Jahre später landen sollte. 1793 wurde sie während der Französischen Revolution – neun Monate nach ihrem Ehemann – hingerichtet.

Die Halsbandaffäre

Marie Antoinette in Erklärungsnot

Bei der sogenannten Halsbandaffäre handelte es sich um einen Betrugsskandal, der die Monarchie in den Grundfesten erbeben ließ. Es ging dabei um ein wertvolles Diamant-Collier, angefertigt von zwei Pariser Juwelieren, das König Ludwig XVI. seiner Gattin schenken wollte. Doch Marie Antoinette lehnte des hohen Preises wegen ab und so drohte das Schmuckstück im Wert von 1,5 Millionen Livre (umgerechnet und in Relation gesetzt heute ca. 6,5 Millionen Euro) zum Ladenhüter zu werden. Die Betrügerin Jeanne la Motte, eine Gräfin aus verarmtem Adel, beauftragte daraufhin eine vertrauenswürdige Person, die das Halsband im Namen der Königin erwerben sollte.

Kurz darauf erschien Kardinal Louis de Rohan bei den Juwelieren, nahm das Collier im Namen von Marie Antoinette an sich und vereinbarte Ratenzahlung. Danach händigte er es Jeanne la Motte aus, die es an die Monarchin aus dem Haus Habsburg weitergeben sollte. Als zum vereinbarten Termin kein Geld bei den Verkäufern des Schmuckstücks eintraf, wandten diese sich direkt an den französischen Hof, woraufhin Ludwig XVI. Louis de Rohan sofort zum Verhör abholen ließ. Der Kardinal erzählte von der Vereinbarung mit der Gräfin und behauptete zudem, dass Marie Antoinette Bescheid wusste. Er hätte sich mit ihr nachts heimlich im Garten von Schloss Versailles getroffen und über den Kauf gesprochen. Es stellte sich später heraus, dass Jeanne de la Motte den Kardinal im finsteren Park empfangen und die Königin gespielt hatte.

Im anschließenden Prozess wurde Rohan nach unzähligen Protesten und entlastenden Aussagen freigesprochen, während man Jeanne de la Motte als gerissene Hochstaplerin überführte und sie lebenslang in ein psychiatrisches Krankenhaus einsperrte. Für den Mann Gottes blieb die Majestätsbeleidigung, da er es gewagt hatte, zu glauben, die Königin habe sich nachts im Park mit ihm verabredet.

Der erste Bio-Bauer

Ein Habsburger mit grünem Daumen

Erzherzog Johann, der Enkel von Kaiser Franz I. Stephan und Maria Theresia, war zeit seines Lebens mehr Landwirt als Adeliger, hielt sich mehr in der Gesellschaft von einfachen Leuten auf, als sich mit Aristokraten zu umgeben, und zog die Natur in Tirol und der Steiermark dem Wiener Hof vor.

Zu Beginn des 19. Jahrhunderts wollte er die Sommerresidenz seines Bruders, Schloss Schönbrunn, mit einem Stück Bergidylle verschönen und ließ oberhalb der Menagerie den Tirolergarten anlegen. Dabei handelte es sich um ein Bauernhaus im Tiroler Stil mit Nebengebäuden, wo er eine Viehwirtschaft betrieb und mit der Veredelung von Obstbäumen experimentierte. Auf dem Platz des „Tirolerhofs" steht heute der Haidachhof und wo sich damals eine Scheune befand, hat der ehemalige Zoodirektor Helmut Pechlaner 1997 ein Gasthaus erbauen lassen, das architektonisch an das Gut des Habsburgers mit dem grünen Daumen erinnert.

Ebenso legte Erzherzog Johann mit seinen Brüdern in Schönbrunn eine Gebirgsblumensammlung an, die 1865 in den Park des Belvederes übersiedelt wurde. Es handelt sich dabei um den ältesten Alpengarten Europas mit zahlreichen historisch wertvollen montanen Pflanzen.

Weniger begeistert zeigte sich der Hobby-Gärtner allerdings vom ersten Weihnachtsbaum in Wien – eine Tradition, die seine protestantische Schwägerin Henriette von Weilburg aus Deutschland mitgebracht hatte. Er konnte sich nicht für den „Grasbaum" begeistern und mokierte sich: „Abends ging ich […] zu Bruder Carl. Da es Heiliger Abend ist, so waren alle Kinder vereinigt und was von uns da ist versammelt. Obgleich ich einige Freude hatte, alle die Kleinen, welche die Hoffnung des Hauses ausmachen, zu sehen, so verstimmte mich gleich die große Hitze durch die vielen Lichter. In früherer Zeit, als ich klein war, gab es ein Kripperl, welches beleuchtet war, dabei Zuckerwerk – sonst aber nichts. […]"

Das Mutterkindchen

Drill und Druck statt Luft und Liebe

Franz II./I, Enkel von Kaiser Franz I. Stephan und Maria Theresia, konnte nur wenige Jahre eine unbeschwerte Kindheit in Italien erleben, bevor sein kaiserlicher Onkel Joseph II. seine Finger nach dem Thronfolger ausstreckte.

Der Habsburger hielt sich zuvor bis zu seinem 16. Lebensjahr in seiner Freizeit ausschließlich an der frischen Luft auf und wurde von seinen Eltern mit Liebe überschüttet. Doch die Gerüchte über das „verwöhnte und unerzogene Kind" erreichten bald Wien und erweckten die Besorgnis Maria Theresias. Nach ihrem Tod beschloss Joseph II., den Nachfolger persönlich unter die Lupe zu nehmen, zeigte sich dann allerdings begeistert, als er in Florenz von seinem Bruder und einer lebhaften Kinderschar empfangen wurde. Der Kaiser zerfloss fast vor Rührung über so viel Natürlichkeit und spielte mit Franz Ball, bis ihm der Schweiß von der Stirn tropfte. Dennoch beschloss er zu handeln, denn die „entnervende warme italienische Luft" würde den Jungen verweichlichen, weshalb er in diesem Land nie zu einem vernünftigen Monarchen heranwachsen könnte. Er trennte Franz von seiner Familie und nahm ihn mit nach Wien, wo er den Teenager erziehen wollte und mit Ehrgeiz, Drill und Druck ein Thronfolger-Sanierungsprogramm startete. Franz war vorerst überwältigt vom Prunk der Metropole an der Donau und freute sich auf seine Zukunft an der Seite des Onkels.

Der schrieb jedoch schon kurze Zeit in einem Brief an seinen Neffen, dass er „in Kräften und Wachstum verspätet, an Geschicklichkeit und an Anstand in körperlichen Übungen noch weit zurück ist, kurz und gut ein sogenanntes verzogenes Mutterkindchen darstellt […]".

Schon bald wurde aus dem fröhlichen Burschen, der in der staubigen Hofburg manchmal zu ersticken fürchtete, ein stiller Mann, der sich künftig wohler in der Gesellschaft von Pflanzen als von Menschen fühlen sollte.

Der Blumenkaiser

Pflanzen, Familie und Erbkrankheiten

Kaiser Franz II./I. hielt sich am liebsten in Gesellschaft seiner Familie auf – und bei Pflanzen. Er fühlte sich in der Natur wesentlich wohler als auf dem Thron und trug lieber Gießkanne als Krone, was ihm die Bezeichnung „Blumenkaiser" eintrug. Während die Bürger im Wiener Volksgarten Kaffee tranken und plauderten, zupfte der Monarch in stiller Abgeschiedenheit auf der anderen Seite der Hofburg in seinem Kaisergarten Unkraut und stutzte auf der Terrasse die Rosenstöcke. An seine exotische Flora aus aller Welt durfte keiner seiner Gärtner Hand anlegen.

Franz II./I. schloss vier Mal den Bund fürs Leben, doch nachdem drei seiner Ehefrauen vor ihm das Zeitliche gesegnet hatten, bemerkte er beim Anblick seiner vierten Gattin in spe, der um 24 Jahre jüngeren Karoline Auguste: „Wenigstens hab ich dann nicht in ein paar Jahren wieder eine Leich'!"

Zwei seiner Gattinnen gebaren dem Monarchen insgesamt 13 Kinder, wovon einige aufgrund der engen Verwandtschaft der Ehepartner bereits im Säuglingsalter verstarben. Ein paar der weiteren Nachfolger waren nicht gerade die hellsten Köpfe der Monarchie – einer davon, Sohn Ferdinand I., folgte im Jahr 1835 seinem Vater auf den Thron. Von dort aus regierte er 13 Jahre lang das Habsburgerreich mit mehr Glück als Verstand, aber auch mit viel Herzenswärme und Humor.

Eine der Töchter des „Blumenkaisers", Maria Anna, geisterte ihr Leben lang schwer verwirrt durch die Gänge von Schönbrunn und Schloss Hetzendorf. Sie wird von den meisten Geschichtsschreibern nicht einmal erwähnt. Kurios ist jedoch die Erklärung, die ihre Verwandten damals für den Zustand der jungen Frau hatten: Ihre Mutter Maria Theresa von Neapel-Sizilien wäre in ihrer Schwangerschaft im Tiergarten Schönbrunn von einem Orang-Utan erschreckt worden, wodurch die Prinzessin in diesen bemitleidenswerten Zustand geriet.

Die Wilden in Wien

Ausgestopfte Sehenswürdigkeiten

Franz II./I. finanzierte aufwendige und für seine Botaniker und Zoologen sehr strapaziöse Expeditionen rund um den Globus, um von dort seltene Pflanzen und Tiere nach Österreich zu importieren. Eines Tages brachte ihm einer seiner Wissenschaftler einen dunkelhäutigen Eingeborenen aus Übersee mit, was den Kaiser mehr schockierte als erfreute. Er wusste nicht so recht, was er mit dem schwarzen Menschen anfangen sollte, und ließ für ihn aus Ermangelung an Alternativideen einen Pavillon im Affengehege in der Menagerie bauen. Schon bald sorgte er sich um den Mann, der trotz guter Pflege und Fürsorge immer kränklicher aussah. Verstehen konnte er ihn nicht, wenn der Exote mit ihm kommunizieren und vielleicht mitteilen wollte, was im Zusammenleben schieflief. Da der Kaiser zudem nicht wusste, was dem „Wilden" schmeckte, ließ er ihn mit jenen Lebensmitteln versorgen, die das Volk in jener Zeit für gewöhnlich konsumierte.

Doch dem Schwarzen war nach den Reisestrapazen und aufgrund des neuen Klimas sowie der ungewöhnlichen Kost kein langes Leben beschert – eines Tages lag er tot im Gehege, umringt von kreischenden Affen und Papageien. Da ließ Franz II./I. den verstorbenen Eingeborenen aus Übersee ausstopfen und in einem künstlichen Urwald im Kaisergarten zur Schau stellen.

Leider hielt er seine Bekannten nicht über die Lebensdauer der Menschen aus dem fernen Kontinent auf dem Laufenden oder wollte die edlen Spender nicht brüskieren und so kam es, dass er immer wieder Bewohner afrikanischer Buschdörfer geschenkt bekam, die allesamt recht rasch verschieden. Trotz der schmerzlichen Verluste fand Franz langsam Gefallen an seiner dunkelhäutigen Truppe, die er nach ihrem Verscheiden präparierte und ausstellte. Als sein Dschungelnachbau immer voller wurde, wanderten die Exponate in sein Naturalienkabinett in der Hofbibliothek am Wiener Josefsplatz.

Kammerdiener Soliman

Ein abgebrannter Exot

Nicht nur Kaiser Franz II./I. hat sich – anfangs ungewollt – mit Schwarzafrikanern umgeben. In der Rokoko-Zeit des 18. Jahrhunderts war es *en vogue*, Exoten im Haus zu haben und die „Prestigesubjekte" für sich arbeiten zu lassen.

Dies tat auch Fürst Wenzel von Liechtenstein, der den Farbigen Angelo Soliman ab 1753 als Kammerdiener bei sich beschäftige und von diesem auch seinen Sohn Alois erziehen ließ. Bei dem „hochfürst-lichen Mohr", handelte es sich um einen gebildeten Farbigen aus dem heutigen Nordostnigeria, der nach eigenen Angaben dem Stamm der Magumi Kanuri angehörte. Der Schwarzafrikaner genoss als Chef der Dienerschaft im Adelshaushalt hohes Ansehen und wurde sogar als Mitglied bei den Freimaurern aufgenommen.

Nach Solimans Tod im Jahr 1796 hat man ihm die Haut abgezogen und diese über eine den Zügen und Konturen des „seltsamen Negers" nachempfundene Holzpuppe gestülpt. Kaiser Franz II./I. äußerte den Wunsch, die „Schönheit seiner fein geschnittenen Gesichtszüge und die Zartheit und Ebenmäßigkeit seines Baus" für die Nachwelt zu er-halten, und kaufte den Exoten für seine pittoreske Sammlung. Bis 1806 stand der dunkle Diener halb nackt, mit Schnüren aus Glasperlen so-wie Federgürtel und -krone geschmückt im Kaisergarten – ab 1802 mit einer von Motten durchlöcherten Gesichtshaut.

Nach Protesten aus dem Volk nur kurze Zeit später durften keine menschlichen Präparate mehr öffentlich ausgestellt werden, man konnte sie aber gegen ein kleines Trinkgeld nach wie vor im Depot in der Hofbibliothek am Josefsplatz besichtigen.

1848 zerfiel die Hülle des Afrikaners bei einem Brand im Naturali-enkabinett zu Asche; leider noch bevor seine Tochter Josephine ihn zurückkaufen und beerdigen und so seine Würde wiederherstellen konnte.

Der Gipsabdruck von Solimans Kopf, der nach seinem Tod gemacht worden war, wurde 1996 in einem Museum in Baden bei Wien entdeckt.

Angelo Soliman (1721–1796), um 1760–1765, Wien Museum

Gemütlichkeit ist Trumpf

Der biedere Biedermeierkaiser

Biedermeierkaiser Franz II./I. bedeutete sein Privatleben weit mehr denn seine Karriere als Kaiser, weshalb er gemütliche Abende im Kreise seiner Familie glanzvollen Repräsentationen stets vorzog.

Er trug von Jugend an Bücher zusammen und vereinte sie zu einer ansehnlichen Sammlung, die heute das Kernstück der Österreichischen Nationalbibliothek bildet. Die kleine monatliche Apanage, die er von seinem Onkel Joseph II. erhielt, floss fast zur Gänze in dieses Hobby. Er liebte Musik und spielte später im Hausorchester seiner Frau Maria Theresia die Violine.

Das Volk liebte ihren biederen „guten Kaiser Franz", der nach seinem Job als letzter Regent des Heiligen Römischen Reiches als erster Kaiser Österreichs in die Geschichte einging. Die Bevölkerung rechnete es ihm hoch an, dass er sich stets alle Zeit der Welt nahm, um sich in aller Ruhe die Sorgen und Nöte seiner Untertanen anzuhören. Aufgrund dieser Tatsache trug der Habsburger wohl auch den schäbigsten Zylinder der Monarchie – die Krempe war vom vielen Zurückgrüßen bald völlig abgegriffen. Doch der Kaiser hat den Hut nicht ersetzt, erstens, weil er unnütze Ausgaben vermied, zweitens, weil es für ihn ein Zeichen der Anerkennung darstellte.

Franz II./I. hielt sich viele Jahre lang zur Sommerfrische in Baden südlich von Wien auf, wo er angeblich seine Herzensgüte unter Beweis stellte. Er soll sich im Jahr 1832 während eines Spaziergangs durch die Stadt dem Leichenzug eines „seiner geringsten Unterthanen", dem nur der Priester und der Küster auf dem Weg durch die Straßen folgten, angeschlossen haben, weil ihm der Verstorbene leidtat. Dazu existiert sogar ein Gedicht mit dem Titel „Kaiser Franz und die Leiche", gereimt von Ludwig August Frankl. Der Monarch hat sich dazu angeblich folgendermaßen geäußert: „Die Vers sein wohl schön, ich laß dem Frankl danken für die gute Meinung, aber wahr ist die G'schicht nicht."

Das Haus der Launen

Blinde Kuh und Blechritter

Franz II./I. war leidenschaftlicher Hobbybotaniker, und als es in Wien nichts mehr zu gärtnern gab, machte er sich über seine Residenz in Laxenburg her. Er legte einen Park im englischen Stil an, leitete Flüsse um und schuf einen Teich mit einer künstlichen Insel in der Mitte, auf der er seine Franzensburg errichtete. Von alten Burgen sowie aus Klöstern aus dem ganzen Land ließ er altes Gemäuer heranschaffen und setzte es nach Lust und Laune neu zu einem Stück Mittelalter zusammen. Aufgrund dieser Bauweise wird das Gemäuer auch als Architekturkarikatur bezeichnet.

Der Habsburger stattete sein Kunstwerk mit allerlei Kuriosem und Kitsch aus, etwa mit bunten Fenstern, Karten spielenden Teufeln oder Ritterrüstungen, die auf Knopfdruck schepperten. Die einzelnen Räume richtete er völlig verschieden ein; einer war zum Beispiel mit Stroh austapeziert, in einem anderen bedeckten Notenblätter die Wand, Sessel und Tische stellten Musikinstrumente dar. Im Zimmer der Kaiserin hielten verschiedenste Tiere diverse Toilette-Artikel wie Pudersäckchen, Spiegel und Kamm. Einige der Zimmer enthielten aber auch wertvolle Unikate und Kunstobjekte. Auf dem Dach der Burg befanden sich unter anderem Honigfladen, eine Zuckertüte und mehrere Ballons. Der Kaiser baute zudem eine Gruft, verziert mit Hieroglyphen und Tierköpfen, sowie einen Turnierplatz.

Auf seiner Insel vertrieb sich Franz II./I. gern die Zeit mit „Blinde Kuh"-Spielen sowie mit Wettfischen – er angelte im Teich nach Dingen, die er zuvor hingeworfen hatte. Bald war die Franzensburg im ganzen Land als „Haus der Launen" bekannt. 1809 wurde das Bauwerk durch die französische Armee zerstört, 1814 als „Lusthaus im Eichenhain" neu errichtet, wovon heute noch einige der mächtigen Bäume zeugen. In den 1950er-Jahren stürzte das Gemäuer aufgrund von Kriegsschäden neuerlich ein und existiert heute nur noch als Ruine.

Der König von Mallorca

Luigi und seine Abenteuer fernab der Heimat

Erzherzog Ludwig Salvator, ein Urenkel Kaiser Leopolds II., hatte weder mit seiner Heimat noch mit den offiziellen Aufgaben eines Habsburgers viel am Hut. Er pfiff auf seinen Adelstitel und befuhr stattdessen mit seiner Dampfjacht „Nixe" die sieben Weltmeere. Auf seinen Reisen erforschte der „grüne Spinner", wie er in Wien genannt wurde, die Natur, sammelte Insekten und führte penibel Buch über seine Beobachtungen. Luigi, wie er sich bald nannte, ließ sich schließlich auf der größten Baleareninsel im Mittelmeer nieder. Er investierte dort das Geld seiner Familie in Grundstücke und wurde daher schon bald als König von Mallorca bezeichnet.

Der alternativ gesinnte Aristokrat war nie verheiratet und soll es unter der spanischen Sonne recht bunt getrieben haben – und zwar mit Frauen und Männern. Von einem seiner Jünglinge ließ er sich einmal Briefe mit pornografischen Zeichnungen schicken und wurde anschließend erpresst.

Der intellektuelle Freigeist besaß allerdings auch ein gewisses Maß an Respektlosigkeit, gepaart mit einer guten Art von Humor. Eines Tages erreichte den habsburgischen Wahl-Mallorquiner, der auch für seinen saloppen Kleidungsstil bekannt war, die Einladung eines auf der Insel heimischen Großgrundbesitzers. Er bat den Erzherzog zum Dinner und wollte ihn als Renommiergast der balearischen High Society präsentieren. Er äußerte dabei das Anliegen, der Aristokrat, bekannt für seine textile Schlampigkeit, solle doch bitte im Anzug erscheinen.

„Luigi" kam dem Wunsch nach, nahm als Ehrengast an der Tafel Platz und beteiligte sich artig am Small Talk. Als jedoch die Suppe serviert wurde, griff er nicht zum Löffel, sondern nach seinem Teller und schüttete den Inhalt in die Außentaschen seiner Jacke. Dann erhob er sich und verabschiedete sich freundlich mit den Worten: „Sie haben nicht mich, sondern meinen Anzug eingeladen – und der ist jetzt satt!"

Askese und Sparsamkeit

Des Kaisers mottenzerfressene Hosen

Kaiser Franz Joseph I., der Österreich bis zu seinem Tod fast 68 Jahre lang regierte, verabscheute unnötige Geldausgaben, weshalb er zeit seines Lebens recht spartanisch lebte: Der Monarch schlief in einem Militärbett, stand täglich um 3.30 Uhr morgens auf und wusch sich in einer zusammenfaltbaren Gummiwanne.

Gekleidet hat sich der Kaiser praktisch – vor allem praktisch gratis. So trug er etwa viele Jahre hindurch im Winter einen Pelzmantel, den ihm Zar Alexander II. geschenkt hatte. Still und heimlich entsorgte Franz Josephs letzter Kammerdiener Eugen Ketterl hin und wieder ein paar gar schäbig gewordene Kleidungsstücke, damit sich der Kaiser damit nicht in der Öffentlichkeit blamierte. Einmal fragte der Monarch nach seiner Lieblingshose, woraufhin Ketterl flunkerte: „Majestät, die haben die Motten zerfressen." Franz Joseph erwiderte: „Schrecklich, und nicht einmal die Knöpf ham's z'ruckg'lassen?"

Seine Geliebte Anna Nahowski flickte ihm regelmäßig sein löchriges Wollunterleibchen, von dem es laut Meinung seiner Majestät „in der ganzen Welt kein zweites gäbe".

Auch die Weihnachtswünsche des Regenten fielen stets sehr bescheiden aus: Franz Joseph begehrte zum Beispiel eine Blechbüchse für die Aufbewahrung von Zwieback und Keksen im Arbeitszimmer. Zudem ließ er, als die Hofhaltung zu teuer wurde, alle dort wohnhaften Katzen abschaffen. Der Kaiser gab auch kein Geld für Ärzte aus, riss sich beispielsweise locker gewordene Zähne einfach selbst.

Franz Joseph sparte auch gern Zeit: Am liebsten aß der Monarch eine Semmel mit Würstel direkt an seinem Schreibtisch, tief über die Akten gebeugt. Bei offiziellen Banketten schlang er sein Essen im Eilzugstempo hinunter und war daher immer als Erster fertig. Das hatte den Nachteil, dass an der Tafel kaum jemand satt wurde, da das Personal abservieren musste, sobald der Monarch das Besteck zur Seite legte.

Der Diener seines Herrn

Die vielfältigen Aufgaben des Eugen Ketterl

Im Jahr 1894 erhielt der damals 33-jährige Eugen Ketterl den Posten des Kammerdieners von Kaiser Franz Joseph I. und betreute den Monarchen in allen privaten Lebenslagen bis zu dessen Tod. Er war neben seinem eigentlichen Job auch dafür verantwortlich, dass die anderen Abläufe im royalen Haushalt reibungslos funktionierten, und half dem Monarchen, der laut Ketterl „kein Problem damit hätte, eine blaue Krawatte zu einem grünen Hemd zu tragen", sogar beim Zusammenstellen der zivilen Garderobe. Das gute Auge seines Angestellten in modischen Fragen veranlasste Franz Joseph einmal zu der Aussage: „Was den Anzug anbelangt, muss ich schon tun, was der Ketterl sagt, der versteht besser als ich, was zusammenpasst."

Der pflichtbewusste Diener seines Herrn wimmelte außerdem ungebetenen Besuch ab – einmal sogar den Leibarzt Seiner Majestät. Dr. Joseph von Kerzl stattete dem Monarchen täglich einen Besuch ab, wobei sich die beiden Herren vorwiegend über dies und das unterhielten, da sich der Kaiser auch im hohen Alter noch bester Gesundheit erfreute. Eines Tages informierte der Kammerdiener den Mediziner jedoch: „Hoheit bedauern lebhaft, den Herrn Doktor heute nicht empfangen zu können. Hoheit fühlen sich nicht ganz wohl und befinden sich nicht in Plauderlaune!"

Eugen Ketterl ließ dem Kaiser jeden Morgen auch Presseberichte zukommen, die ihm zuvor ferngehalten worden waren. Franz Joseph erhielt allerdings ein eigens für ihn gedrucktes Exemplar mit vorher sorgsam ausgewählten und meist gekürzten Artikeln.

Trotz perfekter Organisation mit einem gut funktionierenden Stab an Bediensteten, die ihre Aufgaben zur vollsten Zufriedenheit aller erledigten, wischte der Kaiser in seinem Arbeitszimmer selbst Staub. Überall in dem Raum lagen kleine Staubfänger bereit, mit welchen Franz Joseph mehrmals pro Tag über die Möbel und Unterlagen wedelte.

Die liebe Gewohnheit

Körperpflege mit Hindernissen

22 Jahre lang begrüßte der Kammerdiener Eugen Ketterl Kaiser Franz Joseph I. jeden Morgen mit den Worten: „Leg mich zu Füßen Eurer Majestät, guten Morgen", bevor die beiden mit der Morgenhygiene begannen. 22 Jahre lang spielte sich dabei Tag für Tag dasselbe Ritual ab: Der Monarch saß in seinem Schlafzimmer in der Hofburg oder in Schönbrunn in seiner zusammenfaltbaren Gummiwanne und wusch sich mit dem wohltemperierten Wasser, das Ketterl aus einem großen Krug über den royalen Leib goss. 22 Jahre lang fragte der Kaiser seinen Angestellten jeden Morgen: „Ned no a Krug da, Ketterl?" Einen weiteren solchen herbeizuschaffen, hätte jedoch sehr viel Zeit gekostet: Es wäre zuerst ein komplizierter Amtsweg und danach ein langer Gehweg zwischen Schlafzimmer und Küche – die Wartezeit beim Erwärmen des Wassers noch gar nicht miteinberechnet – nötig gewesen. Aus diesem Grund antwortete der Kammerdiener 22 Jahre lang: „Nein, Majestät, leider nicht."

In manchen Nächten fand der treue Eugen Ketterl jedoch nicht nach Hause und zechte mit seinen Kumpanen oder den bereits abgelösten Wachsoldaten bis tief in die Nacht hinein. Bei einigen dieser Gelegenheiten lohnte es sich nach einem Saufgelage gar nicht mehr, schlafen zu gehen, da man ja bereits um drei Uhr morgens das Hygienezeremoniell des Kaisers vorzubereiten hatte. So kam es vor, dass der Kammerdiener hin und wieder in recht desolatem Zustand bei seinem Herrn seinen Dienst antrat, worüber der Monarch jedoch jedes Mal augenzwinkernd hinwegblickte. Einmal jedoch war der Diener dermaßen betrunken, dass er das Wasser schwallartig über den nackten Kaiser ausgoss, anstatt es sanft auf ihn hinabzuleeren, und anschließend fast in die Gummiwanne gefallen wäre. Franz Joseph soll sich dermaßen erschrocken haben, dass er laut „flatulierte" (Darmgase abließ). Dem langjährigen Kammerdiener wurde dennoch großmütig verziehen.

Hofzeremonielle

Graf Rosenzweig von der Powacht

Die habsburgischen Hofzeremonielle trieben oft skurrile Blüten, dennoch bestanden einige Monarchen der Familie penibel auf die Einhaltung der teils seltsamen Rituale.

Auch Kaiser Franz Joseph I. entpuppte sich in dieser Hinsicht als Pedant: Verließen Personen, die er zuvor empfangen hatte, sein Arbeitszimmer in der Wiener Hofburg, taten sie das im Blindflug rückwärts gehend, da man dem Regenten bis zum letzten Augenblick ins Gesicht sehen sollte – selbst wenn dieser sich längst wieder über seine Akten gebeugt hatte.

Ebenso hatte man sich, was den Sprachgebrauch betraf, in Adelskreisen an strenge Regeln zu halten. So hieß es einmal bei einem hochoffiziellen Empfang in der Hofburg in formvollendeter Formulierungskunst: „Die Allerhöchsten, höchsten, hohen Herrschaften begaben Allerhöchst-, höchst-, hochsich und sich in den Zeremoniensaal."

Hinzu kam auch eine in der Monarchie grassierende Titelsucht, weshalb sich der ansonsten so sparsame Kaiser Franz Joseph I. gezwungen sah, verschwenderisch mit der Verleihung ranghoher Bezeichnungen umzugehen. Da sich die meisten Anwärter auf die höchsten Staatswürden ihren „von und zu"-Namen ohne jeden familiengeschichtlichen Zusammenhang selbst aussuchen durften, ergaben sich daraus häufig höchst originelle Titel wie Hiebler von Lebmannssport, Richter von Frauenlieb, Rosenzweig von der Powacht, Bender von Säbelkampf oder Weigel von Hirschtöter.

Hin und wieder konnte Franz Joseph I. seine Belustigung über die „Pseudo-Adeligen" nur schwer verbergen. So betrat einmal ein Aristokrat das Arbeitszimmer des Kaisers, der gerade seine Akten studierte und den Mann bat, auf einem der bereitstehenden Stühle Platz zu nehmen. Angesichts dieser Geringschätzung etwas säuerlich, erklärte der Besucher unwirsch: „Ich bin der Fürst von Thurn und Taxis." Darauf der Kaiser Franz Joseph: „Ja dann nehmen Sie halt zwei Sesseln."

Kaiser Franz Joseph von Österreich in seinem Arbeitszimmer, 1879,
Wien Museum

Kulturbanause

Es war sehr schön, es hat mich sehr gefreut

Franz Joseph I. zeichnete sich, anders als viele seiner Vorfahren, durch kulturelle Ahnungslosigkeit und Gleichgültigkeit aus. Er pflegte daher Abstand von jeder Form der Kunst zu halten – war das nicht möglich, hielt er sich an folgende Regel: Nur nicht zu nahe rangehen und schon gar nicht in ein Gespräch darüber verwickeln lassen. Seine bekannte Floskel „Es war sehr schön, es hat mich sehr gefreut" verdichtete sein Desinteresse gegenüber kreativen Schöpfungen bis hin zur beleidigenden Ignoranz. Als die Wiener Oper fertiggestellt worden war und das Volk über die „versunkene Kiste" spottete, verlor der Kaiser kein Wort zur Verteidigung der beiden Architekten, woraufhin sich einer von ihnen das Leben nahm.

Hin und wieder ließ sich der schwerfällige Monarch dann allerdings doch zu einer Meinung hinreißen, wenngleich diese meist von purer Einfältigkeit zeugte. Einmal fragte er beispielsweise einen Maler, ob die Fläche vor einem Jagdhaus einen See darstellen sollte. Der Mann antwortete, dass es sich um eine Wiese handelte. Darauf der Kaiser: „Aber die ist ja blau!" Der bildende Künstler entgegnete freundlich: „Ich sehe sie so, Majestät." Da äußerte der Kaiser, bereits im Gehen begriffen: „Dann hätt' er aber net Maler werden sollen."

Einmal musste er mit seiner Gattin in die Oper. Am nächsten Tag erzählte er: „Die haben geschrien auf der Bühne, es war zum Davonlaufen." Zudem hatte der Kaiser überhaupt kein Gehör für die Musik, was er selbst mit den Worten untermauerte: „Ich erkenne die Kaiserhymne nur daran, dass sich alles von den Sitzen erhebt."

Auch technischen Neuerungen gegenüber verhielt sich Franz Joseph sehr eindimensional – gegen das 1881 in der Hofburg installierte Telefon hegte er eine regelrechte Aversion, das elektrische Licht blendete ihn ständig und die Schreibmaschine akzeptierte er nur, weil es sich doch leichter tippen als mit der Hand schreiben ließ.

Verqueres Denken

Der Kaiser und die Widersprüche

So konsequent Kaiser Franz Joseph in seiner Gesinnung und in vielen politischen Belangen war, so widersprüchlich verhielt er sich manchmal.

Als er beispielsweise wieder einmal die Genehmigung zu einer Hinrichtung unterzeichnen sollte, summte eine Fliege im Raum herum und setzte sich frech auf das Dokument. Der Sekretär des Kaisers versuchte, das Tier mit einer zusammengerollten Zeitung zu erschlagen, damit es den Herrscher nicht belästigte. Dieser jedoch sagte: „Geh'n S' lassen S' das Viecherl doch leben!", nahm die Feder zur Hand und unterschrieb das ihm vorgelegte Todesurteil. Ebenso echauffierte sich der Monarch einmal über seinen schusswütigen Neffen Franz Ferdinand, nachdem der im Lainzer Tiergarten alles getötet hatte, was ihm vor die Flinte gelaufen war: „Unbegreiflich, das sind doch Haustiere!"

Einmal wollte ein Bittsteller nach einem tragischen Unglück ein wenig Geld für sich und seine Familie. Der sonst so sparsame Franz Joseph fragte seinen Sekretär, welche Summe hier üblich wäre, woraufhin er die Antwort „So um die 500 Gulden" erhielt. Der Kaiser schrieb auf den Beleg 5000 Gulden und meinte, auf den Irrtum angesprochen: „Jetzt hab ich das Nullerl zu viel schon einmal aufgemalt, jetzt soll der Mann das Nullerl mehr auch haben."

Esoterischen Techniken stand der Regent rigoros ablehnend gegenüber, beschäftigte aber dennoch einen Mann mit Wünschelrute. Und so war Oberst Carl Beichl im Namen Seiner Majestät unterwegs, um verborgene Wasseradern und Energiequellen aufzuspüren. Nach der Entdeckung einer verborgenen Wasserstelle im Karstgebirge verlieh der Regent seinem geomantisch talentierten Mitarbeiter eine kleine goldene Wünschelrute, die er am Kragen seiner Uniform tragen durfte. Als der später auch noch die Taschenuhr des Kaisers wiederfand, die dieser auf der Jagd im Wald verloren hatte, war der Monarch restlos von dieser spirituellen Praxis überzeugt.

Konservierungspanne

Der aufgeblähte Monarch

Nachdem Franz Joseph I. im November 1916 nach einer schweren Bronchitis verstorben war, blieb der Leichnam für sechs Tage auf dem Totenbett im Sterbezimmer in Schloss Schönbrunn aufgebahrt. In dem Raum wurden stille Messen gelesen, aber auch die Türen weit geöffnet für das in Massen herbeiströmende Volk, das ihrem Kaiser Lebewohl sagen und die letzte Ehre erweisen wollte. Einige Tage nach dem Ableben des Monarchen mussten ihn die Ärzte für die Konservierung vorbereiten und balsamierten ihn sorgfältig ein, wobei sie eine neue Methode mit Paraffin ausprobierten. Die Spritze mit der wachsartigen Chemikalie ersparte den Medizinern nach den damaligen neusten Erkenntnissen das Entfernen der Innereien. Anschließend wurde eine Totenmaske angefertigt und dem Verstorbenen aufs Gesicht gelegt.

Einige Tage später wurde der Leichnam in einen prunkvollen Kupfersarg gelegt, in die Kapelle der Wiener Hofburg überführt und drei Tage lang inmitten von Bergen aus Blumen und Kränzen auf dem öffentlichen Schaubett ausgestellt.

Das Entsetzen war groß, als sich Franz Josephs Körper unkontrolliert aufzublähen begann und die Gesichtszüge schon bald aufgedunsen und entstellt wirkten. Das Blütenmeer rund um den Sarg verdeckte den angeschwollenen Kaiser zum Glück jedoch fast vollständig, sodass keiner der Trauernden die Panne bemerkte. Nach den drei Tagen schloss man erleichtert den Sarg, hob ihn auf die prächtige Totenkutsche, gezogen von acht Rappen, und brachte ihn zum Stephansdom, wo vor der Bestattung in der Kapuzinergruft die Einsegnungszeremonie vollzogen wurde.

Auch die Abnahme der Totenmaske war aufgrund der neuen Methode mit Paraffin gründlich misslungen: Beim Entfernen derselben blieb die Hälfte des berühmten Kaiserbarts darin hängen, da sich die

Haare aus den vergrößerten Gesichtsporen gelöst und an der Innenseite des Gipsabdrucks festgeklebt hatten.

Kaiserin Elisabeth von Österreich-Ungarn, um 1865, Wien Museum

Sisis Eitelkeiten

Pflegetinkturen und Fleisch im Gesicht

Elisabeth von Österreich, auch Sisi genannt, liebte die Natürlichkeit und schminkte sich daher nie. Andererseits war Sisi eine Frau, die an der Seite ihres Gemahls Kaiser Franz Joseph I. regelrecht besessen davon war, stets ein Ideal ihrer selbst zu präsentieren.

Um sich ihre vornehme Blässe zu bewahren, setze Elisabeth auf eine selbst gemischte Sonnencreme aus Rosenwasser, Mandelöl, Bienenwachs, Zink und Talk. Vor dem Schlafengehen legte sich die Kaiserin etwa einmal pro Woche rohes Kalbfleisch aufs Gesicht und setzte auf die straffende Wirkung des Collagens. Um Cellulite vorzubeugen, wickelte sie ihren Körper nachts häufig in essiggetränkte Laken.

Besonders wichtig war der Kaiserin ihre fast bodenlange Mähne, die ihre Friseurin Fanny Feifalik täglich mehrere Stunden lang bürsten und kämmen musste. Alle zwei bis drei Wochen wurden die Haare mit einer Cognac-Eigelb-Mixtur gewaschen und zum Trocken fächerartig auf einem Tisch aufgelegt.

Daneben war Sisi bis hin zur Perfektion auf ihre Außenwirkung bedacht. So ließ sie sich zum Beispiel ihr Reitkleid im Sattel sitzend auf den Leib schneidern, damit es später keine unerwünschten Falten warf. Sie und ihre Näherin mussten dafür allerdings nicht in den Stall gehen, sondern nur in den Modesalon in der Hofburg, in dem sich eine hölzerne Pferdeattrappe mit Damensattel befand. Dort wurde dann laufend der perfekte Sitz des Kleides kontrolliert.

Da Elisabeth ihrem Volk nur als junge Schönheit in Erinnerung bleiben wollte, ließ sie sich ab 30 nicht mehr fotografieren und ab 40 auch nicht mehr porträtieren. In etwa ab diesem Alter öffnete sie beim Reden kaum mehr den Mund, lachte selten und hielt sich ständig ein Taschentuch oder ihren Fächer vor den Mund – denn ihre Zähne verfaulten langsam, doch sie wollte keinem Zahnarzt mehr einen Eingriff gestatten.

Diät à la Sisi

Blutsuppe und Veilcheneis

Elisabeth achtete penibel genau auf ihr Gewicht und versuchte, konditionell stets in Form zu bleiben. Für ihre Fitness machte sie täglich stundenlang Turnübungen, weshalb in sämtlichen Residenzen Turngeräte für die Kaiserin installiert wurden. Dadurch behielt sie ihr ganzes Leben einen extremen Taillenumfang von 51 cm. Obwohl Sisi sehr großen Wert darauf legte, einen ansehnlichen Körper zu besitzen, konnte sie es nicht ausstehen, wenn andere sie ansahen, und hasste ihren eigenen Anblick. Zudem bestand sie darauf, sich nur mit attraktiven und schlanken Menschen zu umgeben, denn die Ästhetik hatte für Sisi einen höheren Stellenwert als Herkunft und Bildung. Auch bei den Hofdamen wurde aussortiert, wenn diese den optischen Ansprüchen der Kaiserin nicht genügten. Darum hatte Elisabeth während ihrer Regentschaft so viele Palastdamen (aber auch, weil die bereits vor dem Frühstück an Sisis Seite mit hochgerafften Röcken durch die Botanik hetzen mussten und das nicht lang durchhielten).

Besonders speziell allerdings war Sisis Speiseplan abseits offizieller Veranstaltungen und höfischer Etikette. Zugunsten ihrer Figur hielt sie akribisch Diät, aß häufig tagelang nichts anderes als Blutsuppe, die von ihrer Köchin Theresia Teufel in der winzigen Küche des Amalientrakts in der Hofburg zubereitet wurde. Diese entstand durch Auspressen von Rinds- oder Kalbsfleisch und wurde mit Essig und Salz gewürzt. Dieses Gericht, ursprünglich eine Hauptmahlzeit der männlichen Bürger Spartas, sollte aufgrund eines hautstraffenden Effekts auch das Altern verhindern.

Um ihre Lust auf Süßes zu stillen, aß die Kaiserin am liebsten Veilcheneis. Dabei wurde von den Herstellern eine Handvoll Veilchenblätter mit dem Mörser zerstoßen und mit warmem Wasser sowie 125 Gramm Zucker vermengt. Nach einer Stunde kam die Masse in die Kühltruhe und wurde später gefroren serviert.

Freakshows

Sisis Vorliebe für „krankes Menschenmaterial"

Im 19. Jahrhundert war es vor allem Kaiserin Elisabeth, die sich am Betrachten und Studieren „abnormaler Bürger" sowie missgebildeter oder anders verunstalteter Personen ergötzte. Sie befand sich daher stets auf der Suche nach „frischem kranken Menschenmaterial" – ein kurioses Hobby, das sie mit ihrem Sohn Kronprinz Rudolf teilte. Der skurrile Trend breitete sich aufgrund wachsender Freude am Ekel auch im Volk rasch aus, jeder Bürger wollte die Leidenschaft seiner geliebten Herrscherin für „Freakshows" teilen und Sisi nacheifern. Aus diesem Grund wurden ab Mitte des 19. Jahrhunderts im Wiener Prater Abnormitäten-Shows veranstaltet – und schon bald pilgerten jeden Sonntag Hunderte von Schaulustigen in den Wiener Vergnügungspark.

Eine weitere Attraktion gesellte sich im Jahr 1871 dazu, als der Globetrotter Hermann Präuscher im Prater ein Panoptikum und Menschenmuseum eröffnete. Der Dompteur stellte in seiner Bude vorwiegend menschliche Präparate aus, etwa krankhaft veränderte Körperteile sowie abgetrennte Gliedmaßen. Zusätzlich zeigte er Wachsfiguren berühmter Persönlichkeiten, diverse mittelalterliche Foltergeräte und ausgestopfte Lebewesen. In den Räumlichkeiten fanden auch Veranstaltungen wie Affentheater oder Hundeballetts statt.

Der Raubtierbändiger und Schausteller galt nach seiner Übersiedlung nach Österreich schon bald als Wiener Unikat und war unter anderem dafür bekannt, mit seinem Löwen an der Leine frühmorgens durch die Praterauen zu spazieren.

Kaiserin Elisabeth soll Präuscher ein Stück Haut von ihrer Schulter versprochen haben, und zwar jenes mit dem tätowierten Anker, den sie sich im Jahr 1888 in einer griechischen Hafenkneipe hatte stechen lassen – als Symbol für ihre Freiheit und Liebe zur Seefahrt. Bekommen hat Hermann Präuscher das Kunstwerk dann nicht, er dürfte das aber auch nicht ernsthaft erwartet haben.

Wolkenkraxeleien

Die spleenige Kaiserin

Sisi liebte es, sich bei schweren Stürmen in relativ abgetakelten Kähnen aufs Meer hinaus schippern und mit einem Seil am Mast festbinden zu lassen, um den wilden Naturgewalten so nah wie möglich zu sein. Sie hielt sich in Griechenland auch gern in zwielichtigen Tavernen auf und rauchte in der Öffentlichkeit, was für eine Frau damals als extrem unschicklich galt. Auf ihren ausgedehnten Reisen, die ihr Gemahl Franz Joseph wiederholt als „Wolkenkraxeleien" bezeichnete, trat noch eine andere von Sisis Eigenarten zutage: Sie drang für ihr Leben gern unangemeldet in fremde Häuser ein, um dort Unterschlupf zu suchen, etwa bei schlechtem Wetter.

Ein weiterer Spleen der Kaiserin betraf ihre Körperhygiene, denn sie hatte ein ganz besonderes Verhältnis zu ihren Ausscheidungen, die keinesfalls in einer gewöhnlichen WC-Schüssel landen durften. Sisi führte daher immer ihr eigenes Klosett in Form eines Delphins mit sich. Ebenfalls stets mit dabei waren rund 50 Tonnen Gepäck, zu dem die Einrichtung ihres Badezimmers und schwere Turngeräte zählten. Darüber hinaus produzierte sie auf Zugfahrten horrende Rechnungen, da bei jeder Station, an welcher ein längerer Halt vorgesehen war, ein eigener Wartebereich für sie eingerichtet werden musste. Als absoluter Kostenhöhepunkt gilt ihre Reise auf die Isle of Wight 1874, für die der sparsame Franz Joseph zähneknirschend 106.516 Gulden und 93 Kronen bezahlte – gerechnet auf die damalige Kaufkraft wurden 1,1 Millionen Euro ausgeben, und das bei einem durchschnittlichen Jahreseinkommen der Bevölkerung von 250 Gulden (ca. 2600 Euro) pro Kopf.

Eine weitere von Elisabeths Unarten betraf den Konsum von Kokain. Doch eine Abhängigkeit, wie man sie heute kennt, kann man getrost ins Reich der Mythologie verbannen. In jener Zeit wurden diverse Drogen gegen Schmerzen oder Depressionen verschrieben, wie aus den Rezeptbüchern des Hofes unzweifelhaft hervorgeht.

Verliebt in Heine

Sisis Seelenpartner im Jenseits

Sisi stand ihr Leben lang mit dem Jenseits in Verbindung, hatte einerseits Angst vor Geistern, kommunizierte aber andererseits mit Verstorbenen.

So war sie beispielsweise davon überzeugt, dass jedes in naher Zukunft versterbende Mitglied ihrer Familie zuvor einem Ahnherrn oder einer schwarzen Frau begegnete. Aus Angst vor einer solchen Spukerscheinung betrat sie nach Einbruch der Dunkelheit niemals ohne Begleitung lange Gänge oder ihr unbekannte Räume. Andererseits glaubte sie an ein Leben nach dem Tod und nahm an Séancen teil, die im 19. Jahrhundert gerade in Mode kamen. Die Kaiserin galt allerdings auch als sehr abergläubisch und sah Omen in alltäglichen Begebenheiten. Zur Abwehr des „Bösen" trug Elisabeth stets eine Unmenge an Glücksbringern und Amuletten bei sich, mied schwarze Katzen und den „bösen" Blick von Raben. Sie legte sich außerdem vor jeder Unternehmung die Karten und beschäftigte sich mit Hexenritualen.

Sisi meinte zudem die Gabe zu besitzen, jederzeit mit Toten Gespräche führen zu können. So stieg sie etwa wenige Tage nach der Beisetzung ihres Sohnes, der sich im Jahr 1889 in seinem Jagdschloss in Mayerling erschossen hatte, in die Kapuzinergruft hinunter, um mehr über die Hintergründe seines Ablebens zu erfahren.

In den 1880er-Jahren behauptete Sisi, der Dichter Heinrich Heine führte ihre Hand aus dem Jenseits, wenn sie ihre Gedanken in ihrem Tagebuch niederschrieb oder Gedichte verfasste. Sie hegte laut eigener Aussage romantische Gefühle für den verstorbenen Künstler, schrieb erotische Oden an ihn und sprach von einer „Seelenvermengung". Die Kaiserin wollte zeitweise sogar sterben, um sich dem verblichenen Poeten vollständig hingeben zu können – nur die Angst vor dem Schmerz beim Dahinscheiden und die Sorge, dass das Totenreich womöglich nicht ihren Vorstellungen entsprach, hielten sie vom Selbstmord ab.

„Mein Kleiner"

Die Domina im Kaiserhaus

Sisi wird in ihrem Umgang mit Franz Joseph I. eine Mischung aus Feminismus und Sadomasochismus nachgesagt. Einerseits trat die Kaiserin energisch für die Selbstbestimmung der Frau ein und überließ ihren Gatten anderen Damen, wenn sie keine Lust auf ihn hatte – so kam es beispielsweise zur langjährigen Beziehung mit Katharina Schratt. Andererseits war sie aber auch Franz Josephs Domina und er ihr Liebessklave.

Sisi begann ihre Briefe an ihn, wenn sie in der Ferne weilte, stets mit „Mein Kleiner" und er unterschrieb seine Zeilen an die Herrin meist spiegelbildlich mit „Dein armer Kleiner", manchmal auch mit „Dein einsames Männchen" oder „Dein Männeken". Dazu muss man wissen, dass der Monarch mit einem Körpermaß von 1,68 Metern vier Zentimeter kleiner war als seine Ehefrau.

Elisabeths unkonventionelles Verhalten hatte sich bei ihrer späteren Schwiegermutter schon im Voraus als Ahnung angedeutet: Franz Joseph, der ursprünglich Sisis Schwester Helene hätte heiraten sollen, gestand seiner Mutter: „Elisabeth ist süß und frisch wie eine aufspringende Mandel, sie werde ich zur Gemahlin nehmen." Woraufhin die strenge Frau Mama konterte: „Aber wo denkst du hin, diesen Fratz!"

Als Sisi viele Jahre später ihrer Rolle als Domina überdrüssig wurde und ihr Freiheitsdrang die sexuellen Vorlieben überlagerte, bedeutete das zugleich das Ende der (körperlichen) Liebe zwischen ihr und ihrem Franzl.

Nackt ablichten ließ sich die Kaiserin für ihren Gatten entgegen anderslautenden Gerüchten nie. Ein „Aktfoto" von Sisi entpuppte sich 1872 als plumper Erpressungsversuch an den Kaiser – eine simple Bildmontage, die ein schwer verschuldeter Spielwarenhändler an den Kaiser geschickt hatte. Er wollte ihn damit zur Zahlung eines größeren Geldbetrags nötigen, die Aufnahme ansonsten veröffentlichen. Der Gauner wurde jedoch rasch ausgeforscht und verhaftet.

Den Eselskopf im Arm

Die respektlose Sisi

Sisi nahm sich selten ein Blatt vor den Mund, dafür umso häufiger die Feder zur Hand und schrieb unter dem Namen „Titania" (in Anlehnung an die Königin der Elfen aus William Shakespeares *Sommernachtstraum*) zahlreiche Spottgedichte.

Als jemand, der selbst wenig Wert auf höfische Feste und Etikette legte, machte sie sich häufig über das Herausputzen ihrer Zeitgenossinnen für gesellschaftliche Anlässe lustig. In einem ihrer Verse kritisierte sie beispielsweise Fürstin Pauline Metternichs auffällig rot geschminkte Lippen: „[…] Zwei Zoll breit sind die Wunderlippen, Mit diesem Purpur angetan … Und glaubt ihr, dass ich übertrieben, So geht und schaut sie selber an. […]"

Für ihren damals bereits ergrauten Gatten Kaiser Franz Joseph (von ihr „Oberon" genannt) reimte sie: „[…] Immer doch beim Morgengrauen, An's Herz gedrückt noch warm, Mußt ich mit Entsetzen schauen, Den Eselskopf im Arm. […]" In einem anderen Gedicht an ihn verschonte sie auch seine Freundin Katharina Schratt nicht: „[…] Dein dicker Engel kommt ja schon, Im Sommer mit den Rosen, Gedulde Dich, mein Oberon! Und mach nicht solche Chosen! […]"

Die Kaiserin lästerte auch gern über ihre Schwiegertochter Stephanie von Belgien und nannte sie „hässliches Entlein" oder „Trampeltier". Auch ihre eigene Tochter wurde nicht verschont und in einem Gedicht von ihr als „rackerdürre Sau" bezeichnet – aus Wut darüber, dass Gisela sie im Alter von nur 36 Jahren zur Großmutter gemacht hatte.

Anlässlich eines Besuchs bei Queen Victoria auf der Isle of Wight ließ Sisi laufend ironische Bemerkungen fallen und nannte ihre Gastgeberin hinter vorgehaltener Hand „dicke Matrone". Um die bereits schwerhörige englische Königin zu ärgern, sprach Sisi noch leiser als sonst, sodass man sie kaum noch verstand. Ein großes Ärgernis für Queen Victoria, fürchtete sie doch, ihr könnte eine Beleidigung der frechen Kaiserin entgehen.

Arbeitsplatz Hofburg

Der Kaiser als Chef

Der Hof des Oberhaupts der Habsburger umfasste zur Zeit Kaiser Franz Josephs etwa 2000 Angestellte und stellte somit den größten Arbeitgeber im Wien des 19. Jahrhunderts dar. Es handelte sich bei diesem riesigen geschlossenen Wirtschaftskomplex um ein logistisch ausgereiftes System, das die Versorgung und Unterbringung nicht nur der allerhöchsten Majestäten, sondern auch von deren Angestellten samt Angehörigen gewährleisten musste. Der Wiener Hof bildete eine „Stadt in der Stadt", deren Bewohner eine eigene eingeschworene Gemeinschaft bildeten – mit ihren eigenen Regeln und Gebräuchen. Kein Wunder also, dass die Bediensteten dank dieses sozialen Netzwerks meist unter sich blieben.

Die rechtlichen Voraussetzungen für eine Anstellung bei den Royals waren nicht allzu schwer zu erfüllen: Die BewerberInnen hatten unter 35 Jahre alt, ledig und StaatsbürgerInnen Österreich-Ungarns zu sein. Es lockte eine krisensichere Anstellung, denn Entlassungen gab es nicht. Beziehungen zu haben, erwies sich meist als vorteilhaft, denn Kinder von Hofbediensteten wurden bei Jobausschreibungen immer bevorzugt. Allerdings fing jeder ausnahmslos ganz unten an und musste sich jahrelang als Praktikant bewähren. Die Löhne waren unterdurchschnittlich, wurden aber durch beachtliche Sozialleistungen mehr als aufgewogen. Die Habsburger als Arbeitgeber boten eine „Kinderbewahranstalt", lebenslang kostenlose medizinische Betreuung und gesicherte Altersversorgung. Urlaub wurde nur in Ausnahmefällen aus familiären oder gesundheitlichen Gründen gewährt. Als einer der größten Vorteile angesichts notorischer Wohnungsnot galt die Gratisunterkunft.

Allerdings hatte der Kaiser oft seine liebe Not mit dem Personal, da es nicht selten zu Diebstählen, Verschwendung und Korruption kam. Franz Joseph war aufgrund dieser Missstände sogar gezwungen, eine Reform des Hofwesens durchzuführen.

Ein erotisches Geheimnis

Keinesfalls der Sohn des hölzernen Franz Karl

Ferdinand Maximilian, der spätere Kaiser Maximilian I. von Mexiko, zählte zu den hübschesten und begehrtesten Prinzen Europas. Lustig und temperamentvoll, zugleich aber auch romantisch, gebildet und vielfältig interessiert war er völlig anders als seine Brüder. Er glich weder dem steifen, verhaltenen Franz Joseph noch dem tiefreligiösen, kunstsinnigen Karl Ludwig noch dem geschwätzigen, hinterlistigen Ludwig Viktor, weshalb ihn seit seiner Geburt ein erotisches Geheimnis umgab. Es hieß, er wäre der Sohn von Erzherzogin Sophies engstem Vertrauten, dem liebenswerten und feinsinnigen Herzog von Reichstadt. Es handelte sich dabei um den Sohn von Napoleon Bonaparte, der nach dem Sturz seines Vaters nach Wien gekommen, allerdings bereits im Alter von 21 Jahren verstorben war.

Als Maximilian geboren wurde, hieß es am intriganten Wiener Hof hinter vorgehaltener Hand, dass dieses bezaubernde, lebenssprühende Baby niemals das Kind des hölzernen Erzherzogs Franz Karl sein konnte. Sophie schrieb in ihr Tagebuch, wie wohl ihr die Leichtlebigkeit des kleinen Max tue, der in einem weißen Kleidchen leicht wie ein Schmetterling um sie herumschwirrte. Der junge Habsburger liebte alles Exotische in der Natur, weshalb er sich in Schönbrunn am liebsten im Zoo bei den fremdartigen Tieren und in den Gewächshäusern mit den tropischen Pflanzen und bunten Papageien aufhielt.

Maximilian unternahm einige Fernreisen, unter anderem zog er selbstvergessen mit seinem Gefolge durch Griechenland, unter einem riesigen chinesischen Sonnenschirm vor der südländischen Sonne geschützt, und sammelte antike Marmorreste.

1864 verwirklichte er seinen Traum, als moderner Kaiser in einem exotischen Land zu herrschen, und ging nach Mexiko. Dort wurde er jedoch nach nur drei Jahren Herrschaft von der Gegenregierung gefangengenommen und von einem Kriegsgericht zum Tode verurteilt.

Luziwuzi

Das rosa Schaf der Familie

Ein besonders originelles Exemplar von Habsburger war der schwule Erzherzog Ludwig Viktor, auch Luziwuzi genannt. Der jüngste Bruder von Franz Joseph I. mochte Männer und zog gern Frauenkleider an. Der sonst so strenge Kaiser nahm diese Tatsache als Beschützer seines „Bubis" eher gelassen zur Kenntnis und kommentierte sie unaufgeregt mit: „Was soll man machen … der eine ist so, der andere so."

Das von den Eltern umsorgte und verzärtelte Nesthäkchen hatte daheim Narrenfreiheit, was ihn zu einem exzentrischen Sonderling werden ließ. Als Kind laufend kränklich, kannte Erzherzog Ludwig Viktor weder militärischen Drill noch höfische Disziplin und lebte als kleiner, stets ein wenig tollpatschiger Frechdachs in den Tag hinein. Allerdings galt das rosa Schaf der Familie nicht nur als ungemein unterhaltsam und schlagfertig, sondern auch als geschwätzig, hinterlistig, boshaft und scharfzüngig.

Der originelle junge Mann liebte nicht nur das Theater, er spielte auch selbst sehr gern eine theatralische Rolle – welche, suchte er sich je nach Stimmung selbst aus. Eine Bedienstete von Kaisern Elisabeth notierte: „Der Erzherzog bewegte sich mit der übertriebenen und preziösen Anmut eines Prinzen des 18. Jahrhunderts."

Erzherzog Ludwig Viktor verstand es zudem, sich bei den meisten Frauen am Hof beliebt zu machen: Er vergaß keinen Geburts- oder Namenstag und fand sich immer mit kleinen Geschenken ein. Außerhalb der Habsburgerresidenz war sein Ruf weniger schmeichelhaft, wie Tagebuchaufzeichnungen der Fürstin Nora Fugger beweisen. Sie schrieb, Ludwig Viktor sei *grundverschieden von seinen Brüdern, weder militärisch noch kunstverständig, schwächlich, unmännlich, geziert und von garstigem Äußeren*. Auch Sisi war dem Bruder ihres Gatten nicht sonderlich wohlgesonnen und bezichtigte ihn, durch seine Intrigen Unfrieden in der Familie zu stiften.

Den Schalk im Nacken

Die Eskapaden eines jungen Erzherzogs

Neben seinem Palais am Wiener Schwarzenbergplatz besaß Erzherzog Ludwig Viktor einen standesgemäßen Sommersitz in Salzburg: Schloss Kleßheim, nahe dem Stadtzentrum der Landeshauptstadt. Fernab des Kaiserhofs avancierte Luziwuzi als immer noch relativ respektables Mitglied der Herrscherfamilie rasch zum gesellschaftlichen Mittelpunkt der regionalen High Society. In seiner Luxusunterkunft veranstaltete er rauschende Feste und trieb dort auch so manchen Schabernack. Der schwule Habsburger machte sich beispielsweise einen Spaß daraus, den eingeladenen Offizieren der k. k. Armee in den Umkleiden keine Badehosen bereitzulegen. Die jungen Männer mussten dann nackt aus den Kabinen treten, wenn sie ihren Gastgeber nicht brüskieren wollten. Bald wurde den in Salzburg stationierten Soldaten untersagt, Einladungen von Ludwig Viktor anzunehmen. Das tat der Beliebtheit des majestätischen Spaßvogels, der häufig hohe Geldsummen für wohltätige Zwecke spendete, jedoch keinen Abbruch.

In Wien bedrängte Luziwuzi im Jahr 1868 im „Centralbad", der heutigen Schwulensauna „Kaiserbründl" in der Weihburggasse, einen Mann so lange unsittlich, bis dieser ihn ohrfeigte. Auch das wurde von der Familie gerade noch toleriert, wenngleich der Kaiser vor Wut bereits bebte. Doch dann begann Ludwig Viktor ein Verhältnis mit einem Kutscher im k. k. Dienstverhältnis – damals ein handfester Skandal.

Da reichte es auch dem ansonsten seinem kleinen Bruder gegenüber so nachsichtig eingestellten Franz Joseph: Er befahl Ludwig Viktor, Wien sofort zu verlassen und sich dauerhaft auf Schloss Kleßheim in Salzburg zurückzuziehen. Dort verbrachte das rosa Schaf der Familie den Rest seines Lebens, wurde 1915 „geisteskrank" und entmündigt. Er befand sich stets nur noch in Begleitung eines alten Kammerdieners und zweiter Lakaien, starb 1919 und fand seine letzte Ruhe in seiner Wahlheimat auf dem Siezenheimer Friedhof.

Der schöne Otto

Nackt mit einem Säbel und weißen Handschuhen

Als adrettester Habsburger aller Zeiten galt Erzherzog Otto Franz Joseph, genannt Bolla, ein Neffe von Kaiser Franz Joseph I. und Bruder von Thronfolger Franz Ferdinand.

Der „schöne Otto" fühlte sich in seiner Rolle als unverheirateter Schwerenöter pudelwohl und war daher nur schwer zum Heiraten zu bewegen. In ganz Wien tratschte man über die Eklats des Bonvivants und Frauenhelden, der ausgelassen mit Damen zweifelhaften Rufs bis in die frühen Morgenstunden feierte.

Während eines seiner Saufgelage im Sacher war der Habsburger von Freunden aus seinem Zimmer ausgesperrt worden und marschierte daraufhin nackt, nur mit einem Säbel und weißen Handschuhen „bekleidet", durch das Hotel. Dieser Vorfall zog sogar eine polizeiliche Anzeige durch den zufällig dort anwesenden britischen Botschafter nach sich, dessen Gattin beim Anblick des entblätterten Erzherzogs in Ohnmacht fiel. Zur Strafe schickte Kaiser Franz Joseph den lausbübischen Neffen für einen zweimonatigen Arrest in ein oberösterreichisches Kloster, in dessen Weinkeller nach der Entlassung des trinkfesten Habsburgers große Lücken geklafft haben sollen.

Als weitere erzieherische Maßnahme beschloss der Kaiser die Vermählung des renitenten jungen Manns. Er musste sich dafür aber eine List ersinnen, da der 21-Jährige unter keinen Umständen heiraten wollte – schon gar nicht die ihm zugedachte unansehnliche Königstochter Maria Josefa von Sachsen. Verbündete Seiner Majestät machten den Erzherzog betrunken und ließen ihn danach den offiziellen Ehevertrag unterschreiben. Wieder ausgenüchtert gab sich Otto geschlagen und ging mit Freunden in eine Bar seine Vermählung feiern. Danach wollte er mit den Zechkumpanen in das Zimmer seiner Zukünftigen eindringen, um die „hässliche Eule" vorzuführen. Er wurde jedoch rechtzeitig abgefangen und zum Ausnüchtern in die Hofburg gebracht.

Trockener Humor

Der erhängte Steinbock

Auch der schmallippige und oft brüske Thronfolger Franz Ferdinand versprühte zeitweise trockenen Humor – meist fern jeder Subtilität.

Einmal brachte der Erzherzog zwei Steinböcke aus Kreta in den Tiergarten Schönbrunn. Damit die Tiere nicht über die Absperrung entkommen konnten, ließ Zoodirektor Alois Kraus über dem Gehege ein Drahtgitter montieren. Einer der Männer rief am folgenden Tag in der Schlossverwaltung an und teilte Franz Ferdinand sein Bedauern darüber mit, dass sich eines der beiden Tiere beim Fluchtversuch mit seinen Hörnern im Gitter verhängt hatte und verstorben war. Mit bebender Stimme berichtete er: „Kaiserliche Hoheit, der eine der beiden Steinböcke hat sich erhängt!" Darauf brummte der Erzherzog: „So geben Sie acht, dass sich der andere nicht erschießt" und legte auf.

Seine Frau Sophie begleitete Franz Ferdinand im Jahr 1913 auf die Jagd, als er unbedingt die weiße Gams erlegen wollte, obwohl das laut Aberglaube Unglück brächte. Sie fragte ihn, warum er so töricht sei, worauf der Erzherzog antwortete: „Na, wenn man sterben muss, stirbt man sowieso."

Auch kurz vor dem Attentat in Sarajevo, bei dem er und seine geliebte Gattin Opfer eines Mordanschlags wurden, machte der Thronfolger noch Scherze. Als bei der Abfahrt nach Bosnien am Wiener Südbahnhof die Bremsen des Zugs heiß liefen, meinte er: „Na, das fängt ja gut an!" Nachdem vor Ort der erste Anschlag mit einer Bombe misslungen war und der Bürgermeister verwirrt seine Rede fertig gestammelt hatte, begannen die Zuschauer zu jubeln und der Thronfolger sagte – freilich erst im Anschluss an seine offiziellen Worte: „Ich danke Ihnen und den Bürgern von Sarajevo für die widerhallenden Ovationen, in denen ich Freude über das Scheitern des Mordanschlags erkenne." Danach fügte er leiser an: „Mir scheint, wir werden heute noch einige Kugerln bekommen." Und damit behielt er am Ende recht.

Romantische Ader

Die vergessene Taschenuhr

Als Erzherzog Franz Ferdinand auf einem Ball in Prag im Jahr 1894 Sophie Chotek kennenlernte, verlor er sein Herz an die charmante junge Gräfin. Diese entstammte zwar böhmischem Uradel, arbeitete aber zu jener Zeit als Hausdame und galt nach dem strengen Familienstatut als nicht standesgemäß für den Thronfolger. Sie war im Pressburger Palais Grassalkovich beim erzherzoglichen Habsburgerpaar Friedrich und Isabella beschäftigt, das gerade passende Ehemänner für seine Töchter suchte. Als Franz Ferdinand immer häufiger auf einen Kaffee oder ein Tennismatch vorbeischaute, sah die ehrgeizige Mutter bereits eines ihrer Mädels auf dem Thron sitzen. Dass das Interesse des Erzherzogs der Hausdame galt, sollte schon bald einen mittelgroßen Skandal auslösen.

Das Liebespaar verstand es meisterhaft, seine Treffen jahrelang unter völlig harmlosen Vorwänden zu arrangieren und die Beziehung geheim zu halten. Zwischen Franz Ferdinands häufigen Besuchen transportierte die Postkutsche unzählige zärtliche Briefe von Wien nach Pressburg und umgekehrt, die raffiniert verschlüsselt wurden – für den Fall der Fälle. Aufgeflogen sind die beiden, als der Thronfolger seine Taschenuhr im Palais vergaß und diese von Erzherzogin Isabella gefunden wurde. Als sie neugierig den Deckel aufklappte, erblickte sie jedoch nicht, wie von ihr erwartet, eine ihrer Töchter auf dem dort befindlichen Foto, sondern das Bild der Gräfin Chotek.

Kaiser Franz Joseph verweigerte zunächst die Zustimmung zur Hochzeit, doch der störrische Franz Ferdinand setzte seinen Willen durch.

Seine Meinung zur habsburgischen Heiratspolitik: „Wenn unsereiner jemanden gern hat, findet sich im Stammbaum sicher eine Kleinigkeit, die die Ehe verbietet. Und so kommt es, dass bei uns immer Mann und Frau 20 Mal miteinander verwandt sind. Das Resultat ist, dass von den Kindern die Hälfte Trottel oder Epileptiker sind.“

Der schießwütige Franz

Von A wie Adler bis Z wie Zebra

Bei Thronfolger Franz Ferdinand handelte es sich um einen eingefleischten Jagdfanatiker, der auf alles schoss, was ihm vor die Flinte lief oder flog – mit stetig steigendem Kontrollverlust beim Abknallen erlegte er in etwa 30 Jahren 274.889 Wildtiere. 1908 holte er mit seinem Gewehr an einem einzigen Sommertag 2763 Lachmöwen vom Himmel – die Gehilfen, die bei dem Gemetzel seine Schnellschussgewehre nachluden, mussten anschließend die Kadaver zählen.

Franz Ferdinand tapezierte mit seinen Jagdtrophäen einst die Wände seiner Residenzen, viele davon – von A wie Adler bis Z wie Zebra –befinden sich heute auf Schloss Konopiště südöstlich von Prag. Ebenso lagern dort Kataloge, in welchen der Erzherzog akribisch seine Erfolge als Waidmann notierte, sowie Fotos seiner Jagdreisen rund um die Welt, die ihn stets stolz neben seiner Beute stehend zeigen.

Häufig prahlte der Thronfolger in geselliger Runde und wettete mit seinen Trinkkumpanen, dass er eine in die Luft geworfene Münze im Flug treffe – er gewann immer und demonstrierte mit stolz geschwellter Brust sein Können. Einmal, so erzählte man sich, lag er krankheitsbedingt auf einem Liegestuhl im Garten und stutzte mit seiner Pistole nach Anweisung des Gärtners einen Baum, indem er Äste abschoss.

Doch dann, eines Tages, beging Franz Ferdinand einen großen Fehler – so scheint es zumindest. Gegen den Rat seiner Begleitung und allen Warnungen zum Trotz erlegte er 1913 im Salzburger Blühnbachtal eine weiße Gams, ein mythologisches Tabuwesen, das unter dem Schutz von Naturgeistern stehen soll. Im Volksglauben heißt es, dass jeder, der nur zum Spaß ein solches Tier tötet, innerhalb eines Jahres sterben wird und ebenso dessen liebste Person. Zwei Monate vor Ablauf der einjährigen Galgenfrist kam es zum Attentat in Sarajevo. Die erlegte weiße Gams ist im Salzburger „Haus der Natur" ausgestellt.

Wer auf die Krone pfeift

Wenn der alternative Lebensstil in den Tod führt

Erzherzog Johann Salvator von Österreich-Toskana, genannt Gianni, war ein Urenkel Kaiser Leopolds II. und wurde in Florenz geboren. Er kam im Alter von sieben Jahren nach Wien und wurde dort von Erzherzog Albrecht erzogen. Schöngeistig und musisch begabt, komponierte er unter dem Namen Johann Traunwart einen Walzer für Johann Strauß, der diesen sogar aufführte, ohne die wahre Identität des Urhebers preisgeben zu dürfen. Sein Ersatzvater hielt nichts von Giannis künstlerischen Ambitionen und schickte ihn 1865 zum Militär.

Als ihm kurz darauf eine Zweckehe ans Herz gelegt wurde, brachte der junge Mann in einem Liebesbrief an eine junge Engländerin zum Ausdruck, was er von seinem Stand hielt: „[…] Da du nie eine Erzherzogin sein kannst, würde es mich glücklich machen, die Erzherzogswürde zurückzulegen, doch hoffe ich, immer dein liebes Erzherzoglein zu bleiben." Es blieb trotzdem vorerst alles beim Alten. 1885 lehnte Johann Salvator dann jedoch die ihm angebotene bulgarische Krone ab, schied zwei Jahre später aus der Armee aus und heiratete kurz darauf heimlich die Balletttänzerin Ludmilla Stubel, genannt „Miltschi". Das Paar musste laut habsburgischem Hausgesetze den Boden Österreich-Ungarns sofort verlassen und Gianni nannte sich in der Folge Johann Orth.

Johann Nepomuk Salvator schrieb in einem Brief an einen Freund: „Die vielfachen Kränkungen, die man mir schon zugefügt, habe ich im Laufe der Zeit ertragen gelernt, die Kränkungen jedoch, die man meiner armen, unschuldigen Miltschi bereitet, verbittern mir das ganze Leben."

Der Habsburger erwarb 1890 das Kapitänspatent, kaufte sich den Frachtdampfer „Santa Margareta" und trat mit seiner Gattin in London eine Reise mit dem Ziel Valparaíso in Chile an. Die Liebenden sind auf der Überfahrt allerdings spurlos verschwunden und wurden 1911 offiziell für tot erklärt. Was damals genau passiert ist, konnte nie geklärt werden.

Erzherzog Johann Salvator, 1875, Wien Museum

Rebellin aus Liebe

Von der Kronprinzessin zur Blumenfrau

Erzherzogin Luise von Österreich-Toskana, eine Nichte von Johann Nepomuk Salvator, heiratete im Jahr 1891 Friedrich August von Sachsen und wurde damit zur sächsischen Kronprinzessin. Doch die lebenslustige junge Frau kam mit der erzkonservativen Familie ihres Gatten nicht klar und fühlte sich von deren verknöcherten Ansichten und Vorschriften eingeengt. Trotzdem gebar sie brav sechs Nachkommen und litt weiter unter der strengen Dresdner Hofetikette.

Als es aber immer häufiger zu erheblichen Spannungen kam, floh Luise, schwanger mit dem siebenten Kind, im Jahr 1902 mit ihrem Bruder Leopold in die Schweiz. Mit dabei war auch ihr Geliebter, der Französischlehrer ihrer Kinder, André Giron, der zur Ablenkung für Polizei und Kaiserhaus durch seinen Notar eine falsche Spur nach Brüssel legen ließ. Das sächsische Königshaus leitete daraufhin die Scheidung der Ehe ein und Luise wäre damit berechtigt gewesen, wieder ihren früheren Namen und den Titel einer Erzherzogin von Österreich anzunehmen. Das gefiel Kaiser Franz Joseph I. aber gar nicht und so suspendierte er Luise 1903 kurzerhand und beantragte die Streichung aus dem genealogischen Verzeichnis der Mitglieder des Hauses Habsburg. Sie erhielt den Titel Gräfin von Montignoso und es wurde ihr nahegelegt, in der Schweiz zu bleiben. Luise trennte sich bald darauf von André Giron und zog nach Lyon, dann auf die britische Isle of Wight und später nach Florenz. Im Dezember 1904 versuchte sie, mit ihrem Liebhaber Conte Carlo Guiccardi in den sächsischen Königspalast einzudringen, um ihre Kinder wiederzusehen, was jedoch misslang.

Im Jahr 1907 heiratete sie den Musiker Enrico Toselli und gebar ihm einen Sohn. 1912 wurde jedoch auch diese Ehe getrennt; Luise zog allein nach Mallorca, später nach Brüssel. Dort starb sie unter dem Namen Antoinette Maria Comtesse d'Ysette verarmt als Blumenfrau.

Geisterjagd

Vom Streiche-Spielen und Betrüger-Entlarven

Einige Mitglieder der zuweilen tranigen Familie Habsburg hatten hin und wieder richtige Flausen im Kopf. Beispielsweise Johann Salvator, der sich einst als Gespenst verkleidete, um in der Residenz die Hofdamen zu erschrecken und die Burggendarmen zu ärgern. So geisterte er in weiße Leintücher gehüllt als Ahnfrau durch die dunklen Gänge der Hofburg und entschwand kichernd, nachdem er einige Personen in Panik versetzt hatte. Kaiser Franz Joseph I., der von dem Vorfall Kenntnis erlangte, versprach dem größten und stärksten Wachmann eine Flasche Wein, wenn er den Geist zur Strecke brachte, sollte dieser nochmals auftauchen. Johann Salvator wiederholte seinen Streich unglückseligerweise tatsächlich und wurde von dem wackeren Beamten angegriffen, der sein Bajonett in die Schulter des vermeintlichen Gespenstes bohrte. Der Erzherzog entschwand schimpfend, woraufhin der „Held der Stunde" vermeldete, die Ahnfrau hätte nach dem Stich mit der Waffe zuerst gequiekt und anschließend wie ein Bierkutscher geflucht. Als Kronprinz Rudolf am nächsten Tag die Wunde an der Schulter seines Cousins und Freundes bemerkte, wusste er Bescheid und soll sich vor Lachen gebogen haben.

Zugleich waren beiden Männern die in jener Zeit häufig praktizierten Geisterbeschwörungen ein Dorn im Auge. Vor allem hatten sie ein Problem mit betrügerischen Möchtegern-Spiritisten, die gutgläubige Menschen hinters Licht führten. Um einen solchen als Betrüger zu entlarven, organisierten sie im Februar 1884 eine Privatvorstellung des amerikanischen Mediums Harry Bastian in Johanns Wohnung in der Wollzeile 40 – heute Dr.-Karl-Lueger-Platz 2. Während der Séance gelang es Rudolf und Johann tatsächlich, den Mann als Hochstapler zu entlarven, der Wien daraufhin fluchtartig verließ. Die Aktion der beiden Prinzen sorgte für große Heiterkeit im Volk und war in etlichen Zeitungen nachzulesen.

Rudolfs Vögel

Der Thronfolger als Hobby-Ornithologe

Kronprinz Rudolf war von Anfang an einem hohen Erwartungsdruck ausgesetzt – die Hoffnung des Landes konzentrierte sich schon bei seiner Geburt „auf das durchlauchtigste Kind", das die marode gewordene Donaumonarchie wieder auf Vordermann bringen sollte. Zusätzlich geriet er schon sehr früh zwischen die Fronten seines traditionellen, autoritären Vaters, für den das Wohl des Reiches an erster Stelle stand, und seiner seelisch labilen, egozentrischen Mutter, die größtenteils durch Abwesenheit glänzte.

Noch vor seinem Militärdienst unternahm der Thronfolger zahlreiche Reisen und ging dabei seinem Hobby, der Ornithologie, nach. Er wünschte sich nichts sehnlicher, als auf die Krone verzichten und sein Leben der Wissenschaft widmen zu können. 1878 zog Rudolf nach Prag, wo er im Infanterieregiment Nummer 36 seinen Militärdienst leistete. Dort streifte er nächtelang durch die tschechischen Wälder, beobachtete Vögel und trug deren Maße akribisch in seine Notizbücher ein.

So sehr der Kronprinz die vornehme Gesellschaft der Monarchie verachtete, so tief war seine Bewunderung für kluge wissenschaftliche Köpfe. Besondere Achtung empfand er vor dem knapp 30 Jahre älteren deutschen Zoologen Alfred Brehm, der zu jener Zeit fast täglich auf die Prager Burg kam. Pfeife rauchend, mit ausgebeulten Jacken und stets ein ausgestopftes Tier sowie bündelweise lose Blätter Papier unter dem Arm ging er in den herrschaftlichen Privatgemächern ein und aus.

Der Wissenschaftler schätzte den jungen Thronfolger ebenfalls sehr und nahm dessen „ornithologische Notizen" in sein bis heute berühmtes Werk *Brehms Tierleben* auf.

Kurz vor seinem Tod besuchte Rudolf noch einmal das Atelier seines wichtigsten Tierpräparators. Mitnehmen wollte er jedoch nichts mehr und äußerte: „Lassen Sie alles hier. Ich bin heute nur gekommen, um meine Adler noch einmal beisammen zu sehen."

Mumien-Partys

Ein rebellischer Thronfolger im Orient

Im Zuge seiner Flucht vor dem Stadtleben und den „größtenteils recht langweiligen Menschen" an der Wiener Hofburg unternahm Kronprinz Rudolf viele Reisen mit seinem Kumpel Alfred Brehm. Im April 1879 brachen die beiden trotz Verbots des kaiserlichen Vaters Franz Joseph mit dem Dampfschiff von Venedig zu einer neuen Unternehmung nach Spanien auf. Rudolf hatte beschlossen, seine zahlreichen Verpflichtungen in jener Zeit zu ignorieren und die kommenden Wochen ausschließlich mit seinem väterlichen Freund in freier Natur zu verbringen. Begleitet wurden die beiden von einheimischen Polizisten, um die Sicherheit der Promis zu gewährleisten. Rudolf, der sich von der Anwesenheit der Uniformierten belästigt fühlte, versuchte ständig, diese loszuwerden. Als es ihm eines Abends gelang, landete er prompt in einer Räuberherberge und kam nur mit Müh und Not glimpflich davon.

Nach seiner Rückkehr an den Hof in Wien durfte der Thronfolger zur Strafe für sein unerlaubtes Fernbleiben den vermeintlichen Urheber des Ungehorsams, Alfred Brehm, nicht wiedersehen. Man verdächtigte Rudolf in jener Zeit sogar, wie sein Freund Mitglied der Freimaurer zu sein, was den Kaiser neuerlich vor Wut schäumen ließ. Der gestrenge Herr Papa beschloss, den rebellischen Filius fürs Erste einmal in die Ferne zu verfrachten, und schickte ihn in den Orient. Dort hätte er eigentlich jagen sollen, doch der Kronprinz schloss sich dem Gelehrten Heinrich Brugsch an, der ihm Geschichten über das alte Ägypten und seine Kulturschätze erzählte. Überwältigt schrieb er in einem Brief nach Hause, nachdem er die Pyramiden besichtigt hatte: „Der Schweiß und die Thränen von Hunderttausenden sollen an diesen wahnsinnigen Unternehmungen kleben." Als Rudolf dann auch noch eine Mumien-Party besuchte, beorderte ihn sein Vater zurück nach Wien, wo für den jungen Habsburger endgültig der Ernst des Lebens begann.

Kronprinz Rudolf von Österreich-Ungarn, um 1887–1888,
Wien Museum

Bloody Mary

Makabre Kutschenfahrt und Leichenraub

Im Zuge der „Tragödie von Mayerling", bei der in der Nacht von 29. auf 30. Jänner 1889 Kronprinz Rudolf ums Leben kam, starb auch Mary Vetsera. Die Vorgeschichte des unglücklichen Kaisersohns legt nahe, dass er aus Lebensüberdruss zuerst seine Geliebte, die mit ihm sterben wollte, und danach sich selbst erschoss.

Der Wiener Hof versuchte mit aller Macht, die genauen Umstände zu vertuschen und die Schuld des Thronfolgers zu verharmlosen. Aus diesem Grund mussten die zuständigen Ärzte in ihrem Gutachten attestieren, dass Rudolf im Zustand geistiger Verwirrung gehandelt hätte.

Aufgrund dieser von Anfang an geplanten Verschleierungstaktik kam es in Mayerling zu höchst skurrilen Vorgängen. Marys Leiche wurde vom Personal zwei Tage lang in einer Kammer im Jagdschloss versteckt. Danach durften sie zwei ihrer Onkel, der Pferdesportler Alexander Baltazzi und Georg Graf Stockau, abholen, allerdings nur unter der Bedingung, diskret vorzugehen. So fuhren die beiden Männer mit ihrer toten Nichte bei Nacht und Nebel in der Kutsche davon, wobei die Leiche hinten im Kleid einen Besenstiel stecken hatte, damit sie aufrecht saß.

Unter dem Codenamen Müller wurde Mary im nahe gelegenen Heiligenkreuz abgeladen, wo man sie am folgenden Vormittag notdürftig auf dem Friedhof verscharrte. Erst einige Monate später ließ Baronin Helene Vetsera ihre Tochter in einer von ihr errichteten Gruft bestatten.

Im Jahr 1959 gab eine Theresia Müller (zur Erinnerung: Müller war der Codename für den Abtransport der Leiche aus Mayerling) eine Umbettung der Toten in Auftrag – bis heute weiß niemand, wer wirklich hinter der Verlegung steckte.

Im Jahr 1991 hat ein Hobby-Detektiv Marys Skelett entwendet, um dieses forensisch untersuchen zu lassen. Nach einer Anzeige und Sicherstellung der sterblichen Überreste wurde das Mädchen ein viertes Mal beerdigt – um hoffentlich für immer in Frieden zu ruhen.

Der erpresste Kaiser

Das Skandalbuch von Sisis Nichte

Marie Louise von Larisch-Wallersee, eine Nichte von Kaiserin Elisabeth, gilt bis heute als eine der schillerndsten Figuren der k. k. Doppelmonarchie. Sie erlebte im imperialen Wien eine Zeit des Krone-Prunks und Hermelin-Pomps und wusste ihr glamouröses Leben auszukosten. Die clevere junge Dame gilt allerdings auch als Mitschuldige an der Tragödie von Mayerling, da sie die heimlichen Treffen zwischen Kronprinz Rudolf und Baronesse Mary Vetsera einfädelte. Aus diesem Grund wurde sie nach dem Tod des Thronfolgers von ihrer Tante Sisi vom Wiener Hof verbannt. Das *enfant terrible* der Monarchie erpresste daraufhin noch ein hübsches Sümmchen Geld von Franz Joseph I., um sich ihre Zukunft ein wenig komfortabler zu gestalten. Sie drohte damit, öffentlich royale Schmutzwäsche zu waschen – schließlich hatte sie während ihres Aufenthalts bei der hocharistokratischen Verwandtschaft tiefe Einblicke in deren Privatleben gewonnen und sich stets fleißig Notizen gemacht. Als der Geldstrom aus dem Kaiserhaus schließlich versiegte, brachte sie 1913 ihre Memoiren mit vielen pikanten Details heraus.

Und dann wurde im Jahr 1948 das *Tagebuch der Eva Braun* als Sensationsfund publiziert, als dessen Entdecker Luis Trenker galt. Obwohl sich der Südtiroler Bergsteiger, Autor und Filmemacher für die Echtheit des „Zeitdokuments" verbürgte, wurde selbiges schon bald als Schwindel entlarvt. Wer auch immer für den Inhalt des Buchs verantwortlich war, hat auf jeden Fall kräftig von Marie Louise von Larisch-Wallersee abgekupfert: Marie Vetsera wurde zu Eva Braun, Rudolf zu Hitler und das Jagdschloss Mayerling zum Berghof, Hitlers Regierungssitz am Obersalzberg bei Berchtesgaden. Einige Passagen wurden sogar fast wortwörtlich übernommen, beispielsweise die Erzählung von dem Ochsen, den man nächtelang dürsten ließ, um ihm danach übermäßig zu trinken zu geben, bis er qualvoll starb.

Erzherzogin Marie Valerie (1868–1924) als Kind mit Baronin Marie
Larisch, 1876, Wien Museum

Krönung mit Hindernissen

Die vergessene Rede

Nach dem Tod Kaiser Franz Josephs erschien der ungarische Minister-präsident Graf Stephan Tisza bereits am Folgetag bei dessen Großneffen Karl, um ihn zur raschen Krönung zum König von Ungarn zu drängen. Nicht nur die angespannte Kriegslage trieb zur Eile, sondern auch die politische Situation. Später sollte er auch den Thron in Wien erklimmen und in die Fußstapfen des letzten Kaisers treten, die Kronprinz Rudolf zu groß gewesen waren.

Am 30. Dezember 1916 wurden Karl und seine Gattin Zita in einer Staatskarosse, gezogen von acht Schimmeln, in die Budapester Matthiaskirche gefahren. Doch die Krönung durch Graf Stephan Tisza verlief nicht ohne Zwischenfälle. Als der frischgebackene Monarch seine Botschaft an die Nation verkünden sollte, fiel Generaladjutant Zdenko Lobkowitz mit Schrecken auf, dass er die Rede in den hoheitlichen Gemächern liegen gelassen hatte. Während ein anderer Orator improvisierte und wortreich seiner Freude über die Krönung Ausdruck verlieh, verließ der vergessliche Offizier leise die Kirche. Nachdem er eine halbe Stunde später keuchend und schweißbedeckt mit dem Manuskript zurückgekehrt war, bat er Karl I. schuldbewusst um Enthebung von seinem Amt. Doch der Habsburger lehnte lächelnd ab und meinte, dass ein solches Missgeschick jedem einmal passieren könnte. Anschließend musste der König in einen schweren Mantel gehüllt und mit der Stefanskrone auf dem Haupt auf einem Schimmel den Krönungshügel hinaufgaloppieren und mit dem Schwert in alle vier Himmelsrichtungen weisen. Dabei hatte er zu schwören, die Grenzen Ungarns und seiner angeschlossenen Länder nicht aufzugeben und dessen Gebiete möglichst zu vergrößern. Allerdings erwies sich die Krone trotz Ausfütterung als zu groß und drohte Karl beim stürmischen Ritt vom Kopf zu fallen. Nur ein rascher Griff des Monarchen stoppte den Fall gerade noch rechtzeitig.

Spuk im Schloss

Kaiserin Zita und ihre Geister

Kaiser Karl I. und seine Gattin Zita wohnten in den Jahren 1913 und 1914 mit ihrem damals noch kleinen Sohn Otto im Wiener Schloss Hetzendorf.

Aus der Zeit ihres dortigen Aufenthalts sind einige schriftliche Aufzeichnungen von Zita erhalten, die belegen, dass die Erzherzogin in dem Bauwerk einige paranormale Erlebnisse hatte.

Vor allem das Gästezimmer war ihr von Anfang an suspekt, sie vermutete, dass es darin „heftig spuke". Nach dem Besuch ihres Bruders Sixtus von Bourbon-Parma im Herbst 1913 notierte sie: „Aus irgendeinem Grund konnte er in dem ihm zugewiesenen Gästezimmer nicht schlafen. Und wenn er doch einmal einschlief, dann wachte er mit einem Schlag auf und hatte dabei das Gefühl, daß ihn jemand beobachte. […] Sixte hatte uns damals allerdings nicht erzählt, daß es in den Nächten im Gästezimmer ,spektakle', rauschte und eine Menge anderer Geräusche gegeben hat."

Zitas Schwester Antonia wohnte ebenfalls ein paar Wochen im Gästezimmer. Sie berichtete: „Türen wurden geschlagen, irgendwas rauschte und seufzte."

Auch Zita selbst vernahm immer wieder lautes Poltern auf den Gängen, Schritte und Stampfen in den Zimmern, obwohl alle anderen Schlossbewohner fest schliefen.

Ebenso schien das Oratorium von Geistern bewohnt zu sein! Zita hörte darin häufig eine Frau weinend einen Rosenkranz beten, obwohl sich zu jenem Zeitpunkt niemand von der Familie in der Kapelle aufhielt und diese zudem verschlossen war.

Die letzte Kaiserin Österreichs behauptete außerdem, mit dem zu jenem Zeitpunkt bereits verstorbenen Kronprinz Rudolf in Verbindung zu stehen, der ihr angeblich als Jenseitswesen den wahren Hergang seines Ablebens auf Schloss Mayerling geschildert hätte.

Auch mit ihrem Ehemann wollte Zita kommunizieren, als sie 1922 Witwe wurde. Sie stellte daher das Herz des Kaisers in einem Metallbehältnis auf ihren Nachtschrank, um seinen Geist heraufzubeschwören.

Schloss Hetzendorf, Ansichtskarte, 1900–1905, Wien Museum

„Der Bestickte"

Ein „roter Prinz" als bisexueller Robin Hood

Als bisexueller Robin Hood im Haus Habsburg galt der in Kroatien geborene Erzherzog Wilhelm, aufgrund seiner sozialen Gesinnung auch als der „rote Prinz" bezeichnet. Er fühlte sich bereits in seiner Jugend den Ukrainern verbunden und reiste ohne Wissen des Vaters mit 17 Jahren inkognito zweiter Klasse in die Karpaten. Im Ersten Weltkrieg kämpfte Wilhelm als Heerführer der „Ukrainischen Legion" im Land gegen die Bolschewiken und zugleich für die Rechte der armen Leute. Da er unter seiner Armeekleidung meist ein besticktes ukrainisches Folklorehemd trug, wurde Wilhelm bald „Vasil Vyshyvaniy" (ukr. für „Wilhelm der Bestickte") genannt.

Anschließend arbeitete er in Madrid als Immobilienmakler, hielt sich dazwischen an der Côte d'Azur auf und zog anschließend nach Paris. Dort wurde er schnell Teil der High Society, galt als Playboy und landete häufig in den Schlagzeilen der Boulevardpresse. Er genoss sein Leben im Luxus und pflegte zahlreiche Beziehungen zu Revue-Girls ebenso wie zu jungen Herren aus dem Jetset. 1935 wurde er von seiner Geliebten, einer landesbekannten Hochstaplerin, in einen betrügerischen Finanzskandal verwickelt und flüchtete daraufhin vor der Exekutive nach Wien. Dort setzte er sich neuerlich für die Unabhängigkeit der Ukraine ein und geriet aus diesem Grund 1938 ins Visier der Gestapo. Sein Cousin Otto von Habsburg nötigte ihn daraufhin zum Austritt aus dem erlauchten Orden vom Goldenen Vlies.

„Der Bestickte" überstand den Zweiten Weltkrieg unbeschadet, wurde dann jedoch 1947 während der russischen Besatzungszeit vom sowjetischen Militärgeheimdienst SMERsch gekidnappt und in Kiew als Spion zu 25 Jahren Haft verurteilt. Er verstarb allerdings bereits ein Jahr später im Gefängnis an Lungentuberkulose. Für seine Angehörigen galt er als verschollen, da seine Verschleppung offiziell nie stattgefunden hatte. 1952 hat man die Suche nach ihm eingestellt.

Gütinand der Fertige

Wenig schmeichelhafte Beinamen und Spitznamen

Die Herrscher aus dem Haus Habsburg pflegten vom Volk häufig wenig schmeichelhafte Beinamen zu erhalten, die entweder auf ihr Aussehen, ihr Verhalten oder eine ihrer Eigenschaften zurückzuführen waren.

Folgend einige Beispiele:

- Herzog Albrecht II. „der Lahme", der aufgrund einer chronischen Gelenksentzündung (andere Quellen sprechen von einer Lähmung nach einem Giftanschlag) beinahe bewegungsunfähig war und sogar ins Ehebett getragen werden musste. Ansonsten benutzte er zur Fortbewegung Holzkrücken. Selbstironisch lautete sein Wahlspruch: „Et hic virum agit" (lat. für „Auch das bringt den Mann voran!").
- Herzog Albrecht IV. „das Weltwunder" und „der Geduldige", der auf einer Pilgerreise nach Jerusalem seltsame Abenteuer erlebte.
- Kaiser Leopold I., „hässlicher Schöngeist auf dem Kaiserthron", ein wenig attraktiver Liebhaber der schönen Künste. Zudem hat man ihn „Türkenpoldl" genannt, weil unter seiner Herrschaft die Türken besiegt wurden.
- Kaiser Franz II./I. „der Gute", der Menschen, Tiere und vor allem Pflanzen liebte.
- Kaiser Ferdinand I. „der Gütige", ein freundlicher, geistig armer Epileptiker, was recht bald zur Umwandlung in „Gütinand, der Fertige" oder „Gütiger, der Ferdinand" führte.
- Karl I. „der Plötzliche", weil er öfter im Kriegsministerium aufzutauchen und zu spät kommende Offiziere aus dem Hinterhalt mit der Frage „Warum kommen Sie erst jetzt?" zu überfallen pflegte.

Es war zudem durchaus üblich, dass sich die Familienmitglieder untereinander Spitznamen gaben, allerdings fielen diese ebenfalls in den seltensten Fällen liebevoll aus und hatten recht oft spöttischen bis boshaften Charakter.

Eine der wenigen Ausnahmen bildeten hier Franz I. Stephan von Lothringen und Maria Theresia, die sich liebevoll anzusprechen pflegten. So nannte er sie „Reserl" oder „Chère Mitz" (franz. für „geliebte Mitzi"), sie ihn „Mäusel" oder „Mon cher Alter".

Einrichtungsstil à la Habsburg

Exklusivität – mehr oder weniger – auf 150 Metern

Mit Pomp und Gloria residierten die Habsburgerkaiser in den exklusivsten Appartements der Monarchie, die sich auf 150 Metern im Leopoldinischen Trakt der Hofburg erstreckten. Bei jedem Herrscherwechsel war es üblich, die kaiserlichen Räumlichkeiten neu einzurichten, wobei die Damen des Hauses stets größtmöglichen Luxus erwarteten.

Nicht so Maria Theresia – bei ihr galt der Grundsatz einer bescheidenen, wirtschaftlich effizienten Haushaltsführung, während ihr Gatte ein wenig mehr Eleganz schick gefunden hätte. Möbel waren für die Kaiserin keine Kunstwerke, sondern Gebrauchsgegenstände, sie wurden dementsprechend abgenutzt und danach an Bedienstete verschenkt. Sie gab bei der Ausstattung zudem Erzeugnissen aus heimischer Produktion den Vorzug gegenüber teuren Importprodukten – so ist auch das Fehlen von Möbelstücken aus dem damals trendsetzenden Frankreich am Wiener Hof zu erklären.

Das nachhaltige Denken Maria Theresias führte zu einem recht kuriosen Einrichtungsstil: Einerseits musste der Glanz der kaiserlichen Residenz gewahrt bleiben, da imperiale Pracht erwartet wurde, andererseits sollte übermäßiger Prunk vermieden und solider Qualität der Vorrang gegenüber modischen Strömungen gegeben werden. Das Ergebnis war ein gewachsener Bestand an Einrichtungsgegenständen, bei dem so manche alte Scheußlichkeit neben einem modernen Neuerwerb Platz fand.

Besonders hohe Ansprüche an die Innenarchitektur stellte die dritte Gemahlin von Kaiser Franz II./I., die ihre Räume in der Hofburg aufwendig im zu jener Zeit gerade aktuellen Empirestil gestalten ließ.

Und dann war da noch Kaiser Franz Joseph, der keinerlei Ehrgeiz in Sachen Wohnkultur zeigte und anspruchslos gemeinsam mit dem bestehenden Mobiliar alterte, ohne je das Bedürfnis nach Veränderung zu verspüren.

Heute werden die – mehr oder weniger – exklusiven Räume als Präsidentschaftskanzlei bzw. Konferenzzentrum genutzt.

Royales Gelb

Das „Schönbrunner Gelb", auch „Kaisergelb" genannt, gehört zu Wien wie die Fiaker zur Innenstadt, die Melange zur Sachertorte und das Krügerl (österr. für Krug) zur Stelze (österr. für Eisbein).

Zur Benennung der Farbe in Kombination mit Schloss Schönbrunn kam es unter Franz I. Stephan, dem Ehemann Maria Theresias. Im Jahr 1815 sollte der kaiserlichen Sommerresidenz der Habsburger nach einigen farblichen Entgleisungen – eine Zeit lang musste das Schloss eine blaue und rosa Fassade ertragen – endlich eine repräsentative Optik verliehen werden. Als Endergebnis einiger Diskussionen im Kaiserhaus haben die herrschaftlichen Maler und Anstreicher das bekannte royale Ockergelb aufgepinselt. Die Farbe erinnerte einerseits an das Wappen der Dynastie, wies andererseits auf die geheimen alchimistischen Versuche des Regenten zur Goldgewinnung hin. *Last but not least* bewies der Monarch damit sein ausgeprägtes Talent, Geld zusammenzuhalten, konnte doch die Farbe Gelb zu seiner Zeit am billigsten hergestellt werden.

Nachträglich betrachtet handelte es sich um geniales Marketing: Nachdem nun Schönbrunn in dem Ockergelb mit Signalwirkung erstrahlte, wurden rasch alle offiziellen Amtsgebäude in derselben Farbe gestrichen. Aber auch vom Grafen bis hin zur Marktfrau wollten die Wiener und die Bewohner der anderen Länder der Monarchie etwas vom kaiserlichen Glanz abbekommen. So bemalten sie ihre Häuser ebenfalls in dem Schönbrunner Gelb, das sich damit rasch in allen Bezirken ausbreitete und zur Marke der Habsburger und damit letztlich weltberühmt wurde. Die Farbe findet sich aufgrund der expansiven Heiratspolitik der Habsburger sogar in der brasilianischen Flagge.

Noch heute kann man das royale Ockergelb in vielen europäischen Städten an vergilbten und abblätternden Hausfassaden bewundern – nur in Schönbrunn frischt man es von Zeit zu Zeit auf.

Die Gummi-Nasenprothese

Wenn die Lust zur Last wird

Die Lust an außerehelichen sexuellen Vergnügungen der Habsburger-männer, die nicht immer mit „hygienischen Damen" gestillt wurde, trug so manchem der Hochadeligen eine deftige Geschlechtskrankheit ein. Häufig führte diese nicht nur zur Impotenz, zu starken Schmerzen und zum Tod, sondern auch zum Verlust von Körperteilen – wenn-gleich dabei auch nie das Corpus Delicti selbst abfiel.

So trug Erzherzog Otto, Vater des letzten Kaisers Karl I., wegen sei-ner Syphilis eine Nasenprothese aus Gummi. Davor war er von Zeit-genossen als „der schönste Habsburger, der je zur Welt kam" bezeich-net worden, doch das hatte sich nach dem Abfallen des Sinnesorgans aufgrund von Knochenfraß wohl erledigt. Zuletzt konnte Otto nicht mehr sprechen, weil sein Kehlkopf zerfressen war, es musste sogar ein Luftröhrenschnitt gemacht werden, um ihn vor dem Ersticken zu retten.

Auch Kronprinz Rudolf, Sohn von Kaiser Franz Joseph und Sisi, er-krankte nach zahlreichen außerehelichen Affären und Seitensprüngen an Syphilis. Gegen die Schmerzen, welche die Geschlechtskrankheit ver-ursachte, nahm er große Mengen an Morphium und trank zur zusätzli-chen Betäubung ein Gemisch aus Champagner und Cognac. Der Thron-folger klagte laufend über Erschöpfungszustände und darüber, dass er den ganzen Tag frieren würde, selbst in seinem dicksten Pelzmantel.

Dabei hätten sich die Habsburger vor der Syphilis schützen können! Bereits im 18. Jahrhundert hatte Giacomo Casanova *himself* in Wien Werbung für das Kondom gemacht und dessen Schutzfunktion vor Geschlechtskrankheiten gepriesen. Die flammenden Empfehlungsre-den des venezianischen Frauenflüsterers für das neue Verhütungsmit-tel trugen dazu bei, dass ihn Kaiserin Maria Theresia aus Wien hinaus-werfen ließ. Sie war der Meinung, dass „dieses Ding" dem sündigen Treiben, gegen das sie ihr Leben lang unerbittlich kämpfte, nur noch mehr Tür und Tor öffnete.

Verirrte Kugeln

Habsburger bei der Jagd

Kaiser Karl VI., der Vater Maria Theresias, war für seine Jagdleidenschaft bekannt, zielte aber offenbar nicht immer wirklich genau. Und so erschoss der kurzsichtige Regent im Jahr 1732 statt den von ihm anvisierten Hirschen seinen Oberstallmeister Adam Franz Fürst von Schwarzenberg, was die Freude an seinem Hobby wochenlang trübte.

Maria Theresias Sohn Joseph II. verwundete einmal einen seiner Treiber tödlich.

Ein richtiger Jagdfanatiker war Thronfolger Franz Ferdinand. Der Neffe von Kaiser Franz Joseph feuerte auf alles, was ihm vor die Flinte lief oder flog – und traf immer. Allerdings nie einen Menschen, zumindest nicht soweit bekannt geworden ist.

Franz Ferdinands Cousin Rudolf, Sohn von Kaiser Franz Joseph I., hätte am 3. Jänner 1888 bei einer Jagd auf Kahlwild im Höllgraben bei Mürzsteg fast seinen Vater getötet. Die Kugel streifte den Unterarm des neben dem Monarchen stehenden Treibers Martin Veitschberger, der über diesen peinlichen Vorfall Stillschweigen zu bewahren hatte – ebenso wie der Rest der Jagdgesellschaft. Auch ob der Thronfolger zum Zeitpunkt des Fehlschusses betrunken war oder gar ein Attentat auf den ungeliebten Herrn Papa geplant hatte, konnte oder sollte nie aufgeklärt werden.

Und dann war da noch der friedfertige Ferdinand I., Sohn von Kaiser Franz II./I. und Onkel von Franz Joseph I., der aufgrund seiner übersichtlichen geistigen Leistungen vom Volk „Nanderl, das Trotterl" genannt wurde.

Als der Regent einmal einen Adler erlegen wollte, platzierte sich ein echter Jäger hinter ihm und schoss an seiner Stelle, um den beim Jagen talentfreien Regenten nicht zu brüskieren. Beim Anblick des toten Tieres meinte Ferdinand, das Reichswappen der Monarchie vor Augen: „Das soll ein Adler sein? Der hat ja nicht einmal zwei Köpfe!"

Selbst Opfer eines Jagdunfalls wurde der 15-jährige Herzog Friedrich III., Sohn von Herzog Albrecht II.

50 Schnupftabakdosen

Hochzeitsgeschenke à la Habsburg

Wenn es um Hochzeitsgeschenke ging, scheuten einige Habsburger weder Kosten noch Mühe – oft wurden die großen Gesten vom armen Volk allerdings alles andere als beklatscht.

Albrecht I. beispielsweise „überreichte" seiner zukünftigen Frau im Jahr 1298 das heutige Salzkammergut, damals Yschlland genannt.

Maximilian I. überraschte seine Braut mit einem orientalischen Edelstein im Wert von rund 4000 Gulden, der vermutlich aus der Schatztruhe seines Vaters Friedrich III. stammte.

Maximilian II. brachte im Jahr 1552 von seiner Spanienreise den ersten Elefanten mit nach Österreich, der den Namen Beppo trug – ein Hochzeitsgeschenk der spanischen Kronprinzessin Johanna.

Marie Antoinette bekam zu ihrer Trauung mit dem späteren französischen König Ludwig XVI. 50 goldene Schnupftabakdosen. Sie selbst schenkte ihrer Schwester Maria Christine zur Trauung mit Herzog Albert von Sachsen-Teschen ein zur Gänze mit Blattgold überzogenes Wohnkabinett. Der Raum ist in der Albertina zu besichtigen. Von ihrer Mutter Maria Theresia erhielt Maria Christine das Schloss Halbturn im Burgenland.

Eine Porträtstatue von Napoleons Schwester Elisa Bonaparte in Gestalt der griechischen Muse Polyhymnia überreichte Franz II./I. seiner Gattin Karoline Auguste zur Hochzeit – was besonders eigenartig ist, weiß man doch, dass die Tochter des Monarchen an die Franzosen regelrecht „verscherbelt" wurde. Die Marmorfigur ist heute in der Amalienburg im nordwestlichen Trakt der Hofburg zu sehen.

Sophie von Bayern kaufte ihrem Sohn Franz Joseph I. und seiner Gattin Sisi 1853 anlässlich ihrer Heirat um 31.440 Gulden die Kaiservilla in Bad Ischl. Kaiser Franz Joseph I. schenkte der Braut seines Neffen Franz Ferdinand, die als nicht standesgemäße Partie eigentlich keinen Anspruch gehabt hätte, den Titel „Fürstin von Hohenberg" zur Hochzeit.

Die zweite Geige

Die musikalischen (Un)Begabungen der Habsburger

Die ältesten Belege für Hofmusik stammen aus dem Jahr 1296: Herzog Albrecht bezeichnete sich in einer Urkunde als „fundator capellae castris Vienensis" (Gründer der Kapelle der Burg zu Wien). Anschließend wurde das Orchester unter späteren Habsburgern stetig vergrößert. Maximilian I. bekam bei Herrschaftsantritt bereits ein riesiges internationales Ensemble. Die Musik nahm an seinem Hof eine wichtige Stellung ein und stellte einen unentbehrlichen Teil der kaiserlichen Repräsentation dar. Zu Beginn des 15. Jahrhunderts bestand die royale Kapelle, die den Regenten auch auf Reisen begleitete, aus rund 50 anerkannten Sängern, Sängerknaben und Instrumentalisten.

Ferdinand II. beispielsweise ließ sich Ende des 16. Jahrhunderts nicht nur täglich Kammermusik von seinem Orchester vorspielen, er soll zudem auch ein geübter Sänger gewesen sein und häufig mitgeträllert haben.

Maria Theresias Großvater Leopold I. wiederum komponierte für seine Hochzeit mit seiner Nichte und zugleich Cousine Margarita Teresa von Spanien Mitte des 17. Jahrhunderts an einer Oper mit: *Il pomo d'oro* (Der goldene Apfel). Der Kaiser schrieb darüber hinaus zahlreiche weitere Werke wie Oratorien, Singspiele und Ballettstücke.

Franz II./I. hingegen wollte im 19. Jahrhundert einmal unbedingt im Streichquartett des Apothekers von Baden mitspielen – und man konnte das dem Kaiser schlecht verwehren. Doch zur Sicherheit überließ man ihm nur … die zweite Geige. Offenbar fürchtete man aufgrund der mangelnden musikalischen Fähigkeiten des Monarchen, der in der Regel lediglich schräge Töne produzierte, dass das Konzert zum Desaster werden könnte. Hinter seinem Rücken wurde sein Gefiedel als „hölzernes Gelächter" verspottet. Angeblicher Kommentar des Kaisers zu dieser Herabsetzung: „Ja, aber in Wien, da spiel' i' die erste Geigen!"

Kalkül versus Liebe

Heiratsallianzen und morganatische Ehen

Die an Gesellschaftsspiele erinnernden Heiratsallianzen mit Personen von politischem Interesse trugen nicht unerheblich zum unaufhaltsamen Aufstieg der Dynastie zu einer Weltmacht bei. Die Tatsache, dass fast alle Habsburger ihre Landesherrschaften und Königreiche nicht durch Kriege, sondern durch strategisch günstige Verpartnerungen erworben hatten, inspirierte jedenfalls einen anonym gebliebenen Spötter im 16. Jahrhundert zur Umdichtung des Ovid-Verses „Bella gerant alii, Protesilaos amet" (Kriege führen mögen andere, Protesilaos soll lieben) in den bekannten Spruch „Bella gerant alii, tu felix Austria nube" (Kriege führen mögen andere, du, glückliches Österreich, heirate).

Oft lernten sich Braut und Bräutigam erst direkt am Tag der Hochzeit kennen, zuvor wurden meist nur Porträts der künftigen Eheleute zwischen den Höfen ausgetauscht. Im Mittelalter wechselten zudem auch Liebesbotschaften die Besitzer, häufig von Minnesängern vorgetragen, bei welchen es sich – wenig romantisch – um unterbezahlte, auf altersschwachen Kleppern durchs Land reitende Künstler handelte. War eine Ehe beschlossen, begab sich die erwählte Dame auf Brautfahrt zu ihrem Gemahl.

Einige Familienmitglieder haben sich aber auch aus Liebe, Lust oder Leidenschaft trauen lassen und eine sogenannte morganatische Ehe geführt. Teilweise widersetzten sie sich mit einer solchen Entscheidung nicht nur der herrschaftlichen Etikette und den Wünschen der Eltern, sondern sogar dem Willen des Volkes. Sie verloren ihren Titel, den Großteil der finanziellen Zuwendungen und mussten häufig sogar das Land verlassen. In manchen Fällen traf das Los aber auch nur den „nicht standesgemäßen" Partner und die gemeinsamen Kinder.

Zu den Romantikern im Haus Habsburg zählten beispielsweise Erzherzog Johann, Erzherzog Franz Ferdinand und Erzherzogin Elisabeth, Enkelin von Kaiser Franz Joseph I.

Kammerdiener im Bett

Die homoerotischen Eskapaden der Habsburgermänner

Im 16. Jahrhundert hegte Kaiser Rudolf II. eine innige Zuneigung zu seinen „Kammerdienern". So bezeichnete er etwas Hans Popp als seinen „Augapfel" und gestand, ohne den Juden Philipp Lang nicht sein zu können. Letzterer hatte allerdings keine Skrupel, seinen Herrn zu manipulieren, zu bestehlen und hinter seinem Rücken zu verhöhnen. Im Volk wurde daraufhin gemunkelt, der Kaiser sei dem charismatischen Philipp Lang hörig oder aber dieser habe ihn mit einer ganz besonderen Giftmischung gefügig gemacht. Erst im Jahr 1607 gelang es dem Monarchen, sich von seinem jüdischen Kammerdiener zu trennen, als dieser Rudolfs Bruder und Widersacher Erzherzog Matthias unterstützte.

Nach einer Klage des Kammerdienerregiments ließ der Habsburger seinen ehemaligen Lieblingsangestellten sogar ins Gefängnis werfen, wo er einige Monate später unter unerklärlichen Umständen ums Leben kam.

Barockkaiser Karl VI., dem Vater von Maria Theresia, sagte man eine homosexuelle Beziehung zu seinem Günstling Gottfried Bessel nach. Der Benediktiner war 1696 aus dem Kloster Göttweig, wo er den Doktorgrad in Theologie erlangt hatte, entlassen worden – wieso, ist nie ans Licht der Öffentlichkeit gelangt. Der gottesfürchtige Lustknabe des Monarchen unterrichtete anschließend die vormals protestantische und später zum katholischen Glauben übergetretene Gattin des Monarchen in Religion.

Joseph II. liebte ebenfalls sehr schnell, nämlich sympathische Fremde, die er auf seinen Reisen als Graf von Falkenstein in den Herbergen kennenlernte – allerdings nur auf geistiger Ebene.

Der ungekrönte „König von Mallorca", Erzherzog Ludwig Salvator, war nie verheiratet und soll es unter der spanischen Sonne recht bunt getrieben haben – auch mit Männern. Einer seiner zahlreichen Liebhaber beging sogar Selbstmord, aus gebrochenem Herzen, so erzählte man es sich auf der Insel, ein anderer erbte den riesigen Besitz.

Lehre ... Karriere?

Die Jobs der jungen Habsburger

Bei den Habsburgern existierte in der „Hausfibel" das Gesetz, dass jeder royale Spross nicht nur hochadelig war und später unter Umständen Kaiser werden durfte, sondern auch einen Job erlernen musste. Dabei galt allerdings auch die Ausbildung zum Künstler als Beruf, so die kreative Ader professionell ausgeübt wurde und die Begabung groß genug war, um damit Geld zu verdienen. Darüber hinaus durfte sich ein Habsburger auch als Soldat, Wissenschaftler oder Abenteurer zu den arbeitenden Adeligen zählen. So gab es in der Dynastie nicht nur Banker, Handwerker und Händler, sondern auch Musiker, Maler, Ballonpioniere, Schiffskapitäne, Geografen, Botaniker, Erfinder und vieles mehr.

Die verschiedenen Lehren trugen den betreffenden Familienmitgliedern hin und wieder auch vom Volk in Umlauf gebrachte Spitznamen ein, die nicht immer nur schmeichelhaft ausfielen.

So etwa nannte man Franz II./I., der in jungen Jahren in einer Gärtnerei beschäftigt war, „Blumenkaiser" und seinen Enkel Franz Joseph I., der neben einer militärischen Ausbildung den Beruf der Buchbinderei erlernt hatte, „Papierlkleber" (zurückzuführen auf das Zusammenkleben von Pappe für die Buchdeckel). Die Kaisertochter Erzherzogin Marie Valerie, die als Bühnenmalerin tätig war, bekam vom Volk den Beinamen „Leinwandmarie".

Richtig unrühmlich, im wahrsten Sinne des Wortes, lautete die Bezeichnung des Volks für Erzherzog Friedrich, einen Urenkel Kaiser Leopolds II. Der war, im Gegensatz zu seinem Großvater Karl von Österreich-Teschen, dem glorreichen Sieger der Schlacht von Aspern gegen die napoleonischen Truppen, militärisch eher unbegabt. Er widmete sich vielmehr der Landwirtschaft und so stammte damals die Hälfte der Milch, die in Wien verkauft wurde, aus seinen Betrieben. Daher erhielt Friedrich schon bald den Beinamen „der Rahmreiche" – in Anlehnung an die Bezeichnung „der Ruhmreiche".

Katholischer Fanatismus

Abseits der Kirchenkarriere

Einige Mitglieder der streng katholischen Familie Habsburg dienten ihrem Land und Gott als Priester oder Mönche. Doch auch ohne Karriere in der Kirche zu machen, verfolgten manche Angehörige der Herrscherfamilie hehre religiöse Ziele.

Albrecht IV. beispielsweise war von Gott regelrecht besessen. Im Alter von zwölf Jahren musste er Johanna Sophie von Bayern heiraten und begab sich mit 21 – bereits etwas ehemüde – auf eine Pilgerfahrt ins Heilige Land. Nach etwa viereinhalb Monaten wieder zurück in der Heimat, schilderte der tiefgläubige Mann verschiedenste wundersame Ereignisse wie die Spontanheilung eines Lahmen und eine Marienerscheinung. Er ging als „Frater Albertus" ins Kloster und starb sechs Jahre später an der Ruhr.

Ein richtiger Heiliger wie aus dem Bilderbuch für Christen war Erzherzog Karl Ludwig von Österreich, Bruder von Kaiser Franz Joseph I., dessen Klerikalismus so weit ging, dass er von seiner Kutsche heraus wildfremde Menschen zu „segnen" pflegte. Er zog sich 1896 eine Krankheit zu, nachdem er auf einer Reise nach Kairo verseuchtes Jordanwasser getrunken hatte, das ihn laut seiner religiösen Überzeugung eigentlich hätte erleuchten sollen. Bei ihm gewann die Redensart „über den Jordan gehen" als Allegorie für das Sterben somit eine ganz individuelle Bedeutung.

Auch die Selbstgeißelung im Namen des Vaters und des Sohnes und des Heiligen Geistes war damals durchaus üblich. Um sich von ihren weltlichen Sünden und irdischen Begierden zu reinigen, züchtigte sich Anna von Tirol, Gattin und Cousine von Kaiser Matthias, zu Beginn des 17. Jahrhunderts selbst mit Ruten und Peitschen.

Maximilian I. hatte 100 Jahre zuvor mit der Selbstgeißelung bis nach seinem Ableben gewartet und verfügt, dass sein Leiche nicht wie üblich einzubalsamieren sei, sondern stattdessen auszupeitschen und kahl zu scheren. Zudem sollte man dem Verblichenen die Zähne ausbrechen.

Franz-Josef-Land

Die Kronkolonien Österreichs

Von manchen wird das Franz-Josef-Land scherzhaft als einzige Kolonie Österreichs bezeichnet. Es handelt sich dabei um eine Inselgruppe im Nordpolarmeer im Nordwesten Russlands, die 1873 von einem ungarisch-österreichischen Team während der Regierungszeit Franz Josephs I. entdeckt und daher nach ihm benannt wurde.

Im Gegensatz dazu bestanden rund um den Globus immer wieder internationale Geschäftsniederlassungen der Habsburger – die „1. Orientalische Handelskompanie" wurde bereits 1667 in Wien gegründet –, die allerdings nie lange gehalten werden konnten, etwa in Indien, China und Nordafrika. Eine bekanntere und immerhin 18 Jahre lang bestehende Handelsgesellschaft war die „Ostender Kompanie", die unter Kaiser Karl VI. von 1722 bis zu ihrem Bankrott 1840 existierte. Sie regelte den Handel mit Mokka (ehemalige Stadt im Jemen am Roten Meer und Exporthafen für Kaffee, nach der die spezielle Zubereitungsart des Bohnengetränks benannt ist), Indien, Bengalen und China.

Eine weitere österreichische Kronkolonie gab es von 1778 bis 1783 während der gemeinsamen Regierung von Maria Theresia und ihrem Sohn Joseph II. auf den vier Inseln der Nikobaren im östlichen Teil des Indischen Ozeans. Für diese Niederlassung eines royalen Handelspostens heuerten die Habsburger ausgerechnet den Holländer William Bolts an – einen wegen Opiumhandels von der britischen „East Indien Company" gefeuerten Abenteurer. Er sollte für sein Kaiserhaus „freies Land" erobern, erreichte im Jahr 1778 mit dem Dampfer „Joseph und Maria" die Nikobaren und konnte einige Ureinwohner zur Unterschrift unter einen Kolonisationsvertrag bewegen. Ob dieses Schriftstück jemals Gültigkeit besaß, muss ernsthaft bezweifelt werden, da die analphabetischen Insulaner nur mit Kreuzen unterzeichneten. Und auch wenn später die Briten und Inder die Eilande übernahmen, heißt eines davon bis heute „Teressa".

„Ich kenne nur Untertanen"

Sonderbare und sinnige Sager der Royals

Als Kaiser Maximilian I. in Aachen gekrönt wurde, überreichten ihm die Juden der Stadt einen goldenen Korb mit goldenen Eiern, woraufhin er die Leute gefangen nehmen, aber gut behandeln ließ. Als man den Monarchen demütig nach dem Grund des sonderbaren Vorgehens fragte, antwortete er: „Hühner, die so schöne und kostbare Eier legen, werde ich doch nicht wieder fortfliegen lassen."

Kaiser Karl V. sagt einmal: „Zu einem recht vollkommenen Kriegsheer sollte man italienische Köpfe, spanische Hände und Arme und ein deutsches Herz nehmen, Bauch und Füße aber aus anderen Völkern. Die Deutschen scheinen nicht klug und sind es auch nicht; die Spanier scheinen klug und sind Narren; die Franzosen scheinen närrisch und sind klug; die Italiener scheinen klug und sind es auch." Derselbe Monarch sprach: „Ist ein Fürst gerecht, so nennt man ihn einen Tyrannen; ist er mild, so wird er verachtet; nimmt er das Seinige in acht, so muss er geizig sein; ist er freigiebig, so heißt man ihn einen Verschwender."

Karl V. ließ an seinem Zepter folgendes Bild anbringen: ein Männlein mit einer Tafel, auf der stand „Sto – ich stehe". An seinen Fußsohlen nagten Mäuse, darunter stand „Iacebis – du wirst liegen".

An seinem Totenbett wollte Kaiser Ferdinand I. keinen Titel mehr hören und befahl dem Hofprediger zu sagen: „Ferdinand, lieber Bruder, streite als ein guter Kämpfer!" Kurz zuvor hatte er sinniert: „Ich weigere mich nicht zu sterben, denn wenn meine Vorfahren nicht gestorben wären, würde ich ihrer Menge halber ein Schäfer oder Ackersmann und kein Kaiser geworden sein."

Kaiser Franz II./I. erklärte: „Völker in Österreich? Was ist das? Ich weiß nichts von Völkern, ich kenne nur Untertanen."

Außerdem war er der Meinung: „Die Menschheit bedarf von Zeit zu Zeit starker Aderlässe, sonst wird ihr Zustand entzündlich und es bricht sogleich der liberale Wahnsinn aus."

20 Tassen Kakao pro Tag

Süchte, Spleens und Ticks der Habsburger

Im 14. und 15. Jahrhundert litten adelige Männer unter einer etwas spleenigen Einstellung ihren Haaren gegenüber – sie trugen Mähne und Bart bevorzugt gewellt und ließen sie hierfür mit einer erhitzten Zange bearbeiten.

Maximilian I. war süchtig nach Zucker und bestellte aus diesem Grund sogar einen eigenen Zuckerbäcker an seinen Hof. Außerdem hatte er die Manie, alles selbst in die Hand nehmen und kontrollieren zu müssen: Kein noch so unwichtiger Brief blieb ungelesen, selbst die Rezepte für die Hofküche gingen zuerst durch seine Hände.

Sein Enkel Kaiser Karl V. hatte einen Uhrentick. Als er sich auf seinem Alterssitz in Westspanien einrichtete, durften auch seine Messgeräte nicht fehlen, wobei er peinlich genau darauf achtete, dass alle Uhren dieselbe Zeit anzeigten und im selben Takt schlugen.

Karl II. von Spanien, der Verhexte, litt unter dem zwanghaften Verhalten, alles abzählen zu müssen, woran er Gefallen fand: Blumen, Sterne, verbrannte Ketzer …

Die Habsburgerin Maria Teresa von Spanien, im 17. Jahrhundert verheiratet mit Frankreichs Sonnenkönig Ludwig XIV., war süchtig nach heißer Schokolade und schlürfte bis zu 20 Tassen am Tag. Das damals sündteure Vergnügen und sieben Pflichtschwangerschaften kosteten sie ihre Figur, fast alle Zähne und das – vorher schon nicht besonders stark ausgeprägte – Interesse ihres Ehemanns. Und während ihr Göttergatte Mätressen sammelte, legte sie sich haufenweise Affen und Liliputaner zu. Schon bald ging die Königin fast nirgendwo mehr hin ohne ihren Pulk von Meerkatzen und „Zwergen" zur „besonderen Erbaulichung". Doch Maria und Ludwig waren auch Gewohnheitstiere, weshalb der polygame Monarch auf Schloss Versailles täglich auf ein halbes Stündchen zum „Gute-Nacht-Sagen" zu seiner zahnlosen Gemahlin ins Bett stieg – damit alles seine Ordnung hatte und sich die Dienerschaft nicht über Gebühr das Maul zerriss.

Quellen

Literatur

- Glaise von Horstenau, Edmund von und Broucek, Peter: „Ein General im Zwielicht: K. u. K. Generalstabsoffizier und Historiker", Böhlau Verlag, Wien 1980
- Hasmann, Gabriele: „Habsburgs schräge Vögel. Extravaganzen und Allüren eines Herrscherhauses", Ueberreuter Verlag, Wien 2018
- Hasmann, Gabriele: „Die romantischen Habsburger. Echte Liebesgeschichten, ungeplante Amouren und skandalöse Abenteuer", Kral Verlag, Berndorf 2016
- Hasmann, Gabriele: „Die spukenden Habsburger – Blaublütigen Geistern auf der Spur", Ueberreuter Verlag, Wien 2015
- Hasmann, Gabriele: „Der Stephansdom", Pichler Verlag, Wien 2011
- Hasmann, Gabriele und Kunze, Gerhard: „Das magische Wien. Spaziergänge an Kraftorte", Amalthea Verlag, Wien 2014
- Havas, Harald: „Habsburger Sammelsurium", Pichler Verlag, 2006
- Kramar, Konrad und Stuiber, Petra: „Die schrulligen Habsburger: Marotten und Alluren eines Kaiserhauses", Piper Verlag, München 2005

Online Quellen

- epdf.pub/die-schrulligen-habsburger-marotten-und-alluren-eines-kaiserhauses.html
- www.geschichtewiki.wien.gv.at
- www.habsburger.net

- laxenburger.blogspot.com/2016/04/das-haus-der-laune-ruine-des-lusthaus.html
- members.chello.at/~master.walter.hain/Kaiserin_Elisabeth_und_die_historische_Wahrheit.htm

Bildnachweis

- S. 10 Leykum & Co. (Lithograf), Heinrich (Wilhelm) Schlesinger (Lithograf), Anton Berka (Verleger), „RUDOLPH I. Sohn des Grafen Albrecht von Habsburg, Stammvater des allerdurchlauchtigsten Kaiserhauses von Oesterreich; geboren d. 1 May 1218, (...)", um 1850, Wien Museum Inv.-Nr. W 2645, CC0
- S. 55 Martin van Meytens (Künstler), Gerard van Swieten, um 1750–1760, Wien Museum Inv.-Nr. 231797, CC BY 4.0, Foto: Birgit und Peter Kainz, Wien Museum
- S. 74 Johann Gottfried Haid (Kupferstecher), Johann Nepomuk Steiner (Maler), Angelo Soliman (um 1721–1796), um 1760–1765, Wien Museum Inv.-Nr. 215962, CC0
- S. 82 Carl August Deis (Stecher), Franz Kollarz (Kolář) (Künstler), „Kaiser Franz Joseph von Oesterreich in seinem Arbeitszimmer.", 1879, Wien Museum Inv.-Nr. W 2488, CC0
- S. 86 Ludwig Angerer (Fotograf), Kaiserin Elisabeth von Österreich-Ungarn (1837–1898), um 1865, Wien Museum Inv.-Nr. 69136/25, CC0
- S. 104 Carl von Stur (Künstler), „Erzherzog Johann Salvator.", 1875, Wien Museum Inv.-Nr. W 2673, CC0
- S. 109 Fritz Luckhardt (Fotograf), Kronprinz Rudolf von Österreich-Ungarn (1858–1889), um 1887–1888, Wien Museum Inv.-Nr. 133030, CC0
- S. 113 Karoly Koller (Fotograf), Erzherzogin Marie Valerie (1868–1924) als Kind mit Baronin Marie Larisch (spätere Gräfin Larisch von Moennich), 1876, Wien Museum Inv.-Nr. 198200, CC0
- S. 116 Carl (Karl) Ledermann jun. (Hersteller), 12., Hetzendorfer Straße 79 – Schloss Hetzendorf, Ansichtskarte, 1900–1905, Wien Museum Inv.-Nr. 234512, CC0

Über die Autorin

Gabriele Hasmann ist Autorin, Journalistin und Ghostwriterin. Außerdem ist sie Gastgeberin bei Mystery-Dinnern. In ihren Büchern beschreibt sie historische Persönlichkeiten, geschichtliche Ereignisse, wahre Verbrechen und mysteriöse Phänomene. Gabriele Hasmann lebt in Baden bei Wien.